认识故宫

刘俊娜　编著

中国海洋大学出版社

· 青岛 ·

图书在版编目（CIP）数据

认识故宫／刘俊娜编著 . -- 青岛 : 中国海洋大学
出版社 , 2022. 9 （2024.8 重印）

ISBN 978-7-5670-3272-9

Ⅰ . ①认… Ⅱ . ①刘… Ⅲ . ①故宫－介绍－北京
Ⅳ . ①K928. 74

中国版本图书馆 CIP 数据核字（2022）第 169495 号

出版发行	中国海洋大学出版社			
社　　址	青岛市香港东路 23 号		邮政编码	266071
出 版 人	刘文菁			
网　　址	http://pub.ouc.edu.cn			
订购电话	0532－82032573（传真）			
责任编辑	林婷婷		电　　话	0532－85902533
印　　制	日照日报印务中心			
版　　次	2022 年 9 月第 1 版			
印　　次	2024 年 8 月第 2 次印刷			
成品尺寸	170 mm ×240 mm			
印　　张	13			
字　　数	206 千			
印　　数	1 001～2 000			
定　　价	50. 00 元			

目 录

故宫建筑

紫禁城里的人和事

故宫知识自测

自测题答案

参考文献

后　记

故宫常识

故宫的普世价值

我们谈论故宫的价值,总有一种"盲人摸象"的感觉。我们可以在价值的前面加上大量的修饰词:史学的,文化的,艺术的,学术的,科学的,等等。故宫的价值何其多,期待每个认识它的人用心去了解、寻找、定义、挖掘和研究。

Universal Value of the Palace Museum

When we talk about the value of the Palace Museum, we always feel that we are taking a part for the whole as the blind touch the elephant. We can add a lot of modifiers before the word value: historical, cultural, artistic, academic, scientific and so on. The value of the Palace Museum is so profound that everyone who knows it is expected to understand it, to find it, to define it, to explore it and to study it attentively.

一、一部厚重的百科全书

紫禁城,由明朝皇帝朱棣建于 1406 年至 1420 年,是 15 世纪到 20 世纪明清两朝的皇家居所,也是中国封建社会末期的国家权力中心。紫禁城,在 505 年间,见证了 14 位明朝皇帝和 10 位清朝皇帝的登基及统治。

500 多年,两个朝代,24 位皇帝,时光的流转,朝代的更迭,统治者的承袭,紫禁城不仅见证了这一切,更将这一切深深地印在了皇宫里的每一砖、每一瓦、每一草、每一木中。走进故宫,一砖一瓦一草一木,都在诉说那段历史的故事。故宫,就像一部厚重的书,值得我们用心学习、研究。

故宫博物院于 2003 年提出了"故宫学"这一概念,将故宫研究提升到了学术高度,使其成为一门科学,包括宫殿建筑群、文物典藏、宫廷历史文化遗存、明清档案、清宫典籍、故宫博物院的历史六个方面,有着丰富深邃的学科内涵。故宫这部百科全书,将会吸引越来越多的中外研究者投入其科学研究之中。

二、中国宫殿发展的最高典范

故宫体现了中国历史上最成熟的建筑体系：明清时期北京城的三重都城设计、内城外河、中轴布局、"五门""三朝""前朝后寝""左祖右社""面南背北""王者居中"等。明清宫殿的建筑法式较之以往更为完整、详尽、实用，在地盘布局、台基栏杆、大木构架、屋顶式样、墙体形制、内外装修及油饰彩画等诸多方面都有明确规定。

故宫的每一样、每一款建筑材料都是当时最优秀的。木料多是产自川、粤、闽、浙的楠木，清朝后期因楠木已极为稀少多改用东北的松木。石料也是来自各地：汉白玉来自北京房山区大石窝，五色虎皮石来自天津蓟州区的盘山，花岗石来自河北曲阳县，御花园等装饰的太湖石产自太湖，城砖来自山东临清，大殿里的金砖则是苏州烧制的。

三、一座典藏珍贵文物的宝库

故宫藏有大量珍贵文物，据统计有超过180万件之多，统称有文物100万件，占全国文物总数的1/6。故宫典藏具有独特性、丰富性、整体性以及象征性的特点。中国历来讲究器以载道，故宫收藏凝聚了传统的特别是辉煌时期的中国文化，是几千年中国的器用典章、国家制度、意识形态、科学技术，以及学术、艺术等积累的结晶，既是中国传统文化精神的物质载体，也是中国传统文化最有代表性的象征物。百万藏品，每一件都价值连城，每一件都是文明的符号，每一件都是视觉的盛宴。

四、诠释和传承工匠精神

中国建筑的营造技艺源远流长，经无数工匠代代相承，在明清时期达到了鼎盛。故宫的营建集中国几千年建筑科学文明之大成。烧制的每一块瓦，设计的每一个门钉，描摹的每一帧彩画，打磨的每一块榫卯，都是工匠们精雕细琢出来的艺术品。今天，为了保证故宫建筑的完整性和真实性，大量的现代工匠对故宫进行浩大的修缮工作。他们结合先进的科学技术并不断创新，对故宫建筑以及文物进行修缮和维护。他们敬业、精益、专注、创新。每道工序、每个步骤，现代故宫人都精益求精，力求使这幅蕴含600多年历史文化的精美画卷焕发出熠熠光辉。"择一事，终一生"是故宫钟表修复师王津的人生格言，也是所有现代故宫人的真实写照。在快节奏的现代生活中,工匠精神尤为珍贵,值得我们每个人学习。

皇帝的称谓

古代皇帝的称呼往往与庙号、谥号和年号联系在一起,唐高祖就是庙号,唐明皇就是谥号,康熙就是年号。一般最早的皇帝谥号用得多,后来庙号用得多,明清往往年号更深入人心。

Emperor's Appellation

In ancient China, the appellations of the emperors were often associated with the temple title, the posthumous title and the title of the year. Gaozu (Emperor Gaozu of Tang) was the temple title, Minghuang (Emperor Ming of Tang) was the posthumous title and Kangxi (Emperor Kangxi) was the title of the year. In general, the earliest emperors' posthumous titles were used much, and later the temple titles were used more, and the titles of the year were often more popular in the Ming and Qing dynasties.

庙号是封建皇帝死后,在太庙中被供奉祭祀时的名号。一般开国的皇帝称"祖",后继者称"宗"。如明朝朱元璋称太祖,其子朱棣称成祖。在隋朝以前,并不是每一个皇帝都有庙号,因为按照典制,只有文治武功和德行卓著者方可入庙奉祀。唐朝以后,每个皇帝才都有了庙号。

谥号是用一两个字对权贵人物(帝王、诸侯、卿大夫、大臣、后妃等)一生的事迹和品德修养等做的一个概括性评价,相当于死后的盖棺论定。谥号是封建礼制的重要组成部分。谥号一般在葬礼上宣布,如果有特殊情况,可以以后追谥,如果已经给了谥号后发现这个人生前有恶行,还可以改谥或者夺谥。

年号,最初是为了方便纪年而创造的称号。以前,人们用天干地支纪年。但是,干支纪年有很明显的缺陷,就是每逢60年完成一个轮回,会引发混乱,不利于纪年。因此,自汉武帝起,皇帝开始使用年号,他的第一个年号为"建元",以后每个朝代的每一个新君即位,必须改变年号,叫作改元。

明清皇帝的名字

明太祖朱元璋给自己的每个儿子都制定了一个辈分表,每个表 20 个字,形成类似一首五言诗的体系。同时,他还给名字的第 3 个字,规定了偏旁的五行顺序。与明朝类似,清朝皇帝也有固定的字辈。从康熙帝以后,以胤、弘、永、绵、奕、载、溥、毓、恒、启、焘、闿、增、祺来命名。这些字也不是同时诞生的,康熙定了三辈——胤、弘、永;乾隆定了四辈——永、绵、奕、载,其中"永"是与康熙定的重复的;道光定了四辈——溥、毓、恒、启;咸丰续定了四辈——焘、闿、增、祺;后来末代皇帝溥仪,又续定了十二辈——敬、志、开、瑞、锡、英、源、盛、正、兆、懋、祥。国学大师启功和其父亲恒同分别属于启字辈和恒字辈。

Emperors' Names in the Ming and Qing Dynasties

Zhu Yuanzhang, Emperor Taizu of Ming, made a generational table for each of his sons, with 20 words in each table, forming a system similar to a five-character poem. At the same time, he also defined that the radical of the third character in the name must be in the order of the five elements. Similar to the Ming dynasty, the names of the emperors in the Qing dynasty were taken according to fixed Chinese characters. From Emperor Kangxi on, they were named after Yin, Hong, Yong, Mian, Yi, Zai, Pu, Yu, Heng, Qi, Tao, Kai, Zeng and Qi. These words were not born at the same time. The Emperor Kangxi appointed three generations: Yin, Hong and Yong; the Emperor Qianlong appointed four generations: Yong, Mian, Yi and Zai, of which Yong is the repetition of Kangxi's appointment; the Emperor Daoguang appointed four generations: Pu, Yu, Heng and Qi; the Emperor Xianfeng continued to set four generations: Tao, Kai, Zeng, Qi; Later, Pu Yi, the last emperor, continued to appointed 12 generations: Jing, Zhi, Kai, Rui, Xi, Ying, Yuan, Sheng, Zheng, Zhao, Mao, Xiang. Qi Gong, a master of Chinese culture, and his father Heng Tong belong to Qi-named generation and Heng-named generation respectively.

明朝开国皇帝朱元璋对自己后代的名字进行了严格的规定。朱元璋共有26个儿子,名字都是木字旁的,比如朱标、朱棣、朱檀、朱梓、朱椿。朱元璋又给每个儿子定了辈分表,每个表20字。朱棣家家谱的20个字是:高、瞻、祁、见、佑、厚、载、翊、常、由、慈、和、怡、伯、仲、简、靖、迪、先、猷,遗憾的是只用了一半,明朝就结束了。

朱元璋还给后代名字的第3个字规定了木、火、土、金、水的五行偏旁。仁宗朱高炽(木生火),宣宗朱瞻基(火生土),英宗朱祁镇、景帝朱祁钰(土土金),宪宗朱见深(金生水),孝宗朱佑樘(水生木),武宗朱厚照、世宗朱厚熜(木生火,"照"的四点底是火字简化而来,像"熟""热""蒸"),穆宗朱载垕(火生土),神宗朱翊钧(土生金),光宗朱常洛(金生水),熹宗朱由校、思宗朱由检(水生木)。

清朝奠基者努尔哈赤的儿子有皇太极、多尔衮、多铎、阿琪和代善等,这些名字都是满语音译过来的。皇太极的儿子有福临、豪格、博穆博果尔等,也都是音译的。康熙这一代的名字也是五花八门:玄烨、牛钮、福全、常宁等。福临的儿子叫福全,可见当时取名字没有什么讲究和忌讳。但从康熙朝开始,康熙大量接触了汉文化,取了汉文名字,在文化管制方面也更加严格,涉及皇帝名字的时候就要回避,例如康熙的御名叫玄烨,凡写字刻书,都要以元代玄,以煜代烨。康熙多子,儿子的名字是胤禔、胤礽、胤祉、胤禛、胤祺、胤祚、胤禩、胤禟、胤祯等,第2个字都是示字旁。雍正胤禛的儿子有弘晖、弘盼、弘昀、弘时、弘历(繁体字为曆)、弘昼、弘瞻等,第2个字都是日字旁。康熙在世时给他的曾孙名取了一个"永"字;乾隆给他的第一个孙子取名绵德,并规定以后这一辈取名,上一字用"绵"字,下一个字中要带"心"字。乾隆认为,"永"和"绵"是辈分用字,以后宗支繁衍,都按此论辈分,所以不能改。他还规定,从他儿子辈起,按"永绵奕载"顺序排辈分。乾隆弘历儿子的名都是王字旁,嘉庆叫永琰,还有永璜、永琏、永璋、永珹、永瑢、永琮、永璇等。嘉庆继位后将"永琰"改成了"颙琰",将自己"升一级",避免了兄弟改名。嘉庆有儿子5人,除长子早殇外,其余4子均长大成人,他们是绵宁(即位后改为旻宁,宁的繁体字是寧)、绵恺、绵忻、绵愉。道光旻宁儿子为奕纬、奕纲、奕继、奕詝(咸丰帝)、奕誴、奕欣、奕譞、奕詥、奕譓,名有绞丝旁也有言字旁。咸丰的儿子载淳,是咸丰唯一存活的儿子,也是慈禧皇太后的亲生儿子。同治死的时候没有儿子,由他堂弟载湉继位。

同治和光绪是兄弟俩,他们名字的第2个字都是三点水旁。溥仪这一代名都是单人旁,如溥伟、溥供、溥任、溥杰(繁体字为傑)。

朱棣迁都的原因

明太祖朱元璋夺取天下后定都南京是有充分理由的。首先,就自然条件来看,南京物华天宝,很适合帝国建都。其次,就地理位置来看,南京有长江天险,西连荆州及巴蜀,有利于抵御敌人的进攻。最后,建都南京还可以防止元朝复辟。朱棣为何要迁都北京呢?主要有以下几个原因。

Reasons for Capital-moving by Zhu Di

Zhu Yuanzhang, the first emperor of the Ming dynasty had a good reason to set Nanjing as his capital after he seized the power. First of all, as far as its natural conditions are concerned, Nanjing is a land of natural treasures, and is very suitable for being the imperial capital. Second, Nanjing has the Yangtze River as a natural defense and it connects Jingzhou and Bashu in the west, which is conducive to resisting the enemies' attack. Finally, the capital Nanjing can also prevent the restoration of the Yuan dynasty. Why did Zhu Di move the capital to Beijing? There are mainly the following reasons.

朱棣是明朝第3位皇帝。朱棣的父亲朱元璋是个尚武之人,他一向主张自己的儿子要从幼年时期开始进行军事化训练。朱棣4岁就被父亲派到北平,并且不许随从过多照顾。朱棣一个孩童,经常独自游走于野外荒地,风餐露宿,这样的经历造就了朱棣坚忍不拔的性格。

朱棣于1380年就任藩王。朱棣在就任藩王期间屡立战功,羽翼渐丰。1392年,太子朱标去世,朱元璋立朱标之子朱允炆为皇太孙,待继承大统。其实早在朱标做太子期间,他的几个兄弟已经非常不满,甚至到了剑拔弩张的地步。朱元璋为了杜绝几个儿子的觊觎之心,才立了朱允炆为继承皇位之人。朱允炆与其父亲的性格非常相似,比较温和,但是他也意识到了几位叔叔的不怀好意。1398年,朱元璋去世,朱允炆成了皇帝,为建文帝。几位叔叔虎视眈眈,其中以朱棣野心最大。朱允炆刚刚继位就开始了削藩行动,几位藩王先后被废,此时朱棣意识到形势不妙,便假借生病,韬光养晦的同时,加紧训练士兵。1399年至1402年,朱棣率军几次南下,以清君侧之名与朝廷军交锋,开始了4年之久的战事,史称"靖难之役"。朱棣虽然胜数较多,但也损失惨重。

1402年6月,朱棣再次率军南下,大军一路通畅,直抵南京。朱棣通过买通南京宫城守卫的方式,顺利入城,一把大火将朱允炆的皇宫给烧了。朱棣成了大明第3位皇帝,年号"永乐"。

在南京,朱棣的皇帝当得并不快乐。建文帝朱允炆的旧臣坚称朱棣是篡位,誓死支持旧主,竟对新帝破口大骂,以死相逼。面对这样的形势,朱棣虽然以武力将一切不服者杀之,却难堵悠悠之口。朱棣感到越来越不安,甚至到了影响休息的地步。再加之朱允炆一直下落不明,尸体也没有找到,朱棣总感觉有一双眼睛在注视着自己。从小就生活在北方的朱棣,对北平更加熟悉,也更有感情,他开始动了迁都北平的念头。从地理位置上说,南京也不是建都的绝佳选择。南京虽然有长江天险,但是一旦长江失守,南京将陷入腹背受敌的境地。1406年,朱棣开始营建北京城,以南京皇宫为蓝本,建了紫禁城。朱棣迁都的念头也有父亲朱元璋的影响。朱元璋在位期间就几次意欲迁都,他还曾经派太子朱标到洛阳和关中视察。但是迁都大业尚未开始时,朱标就去世了。朱标是朱元璋最器重的儿子,被寄予了很高的期望。朱标之死对朱元璋打击很大,迁都之事就一直搁置了。朱元璋想迁都一定是意识到了南京的不利之处,那么作为儿子,朱棣不应该不知道这些利害关系。朱棣迁都也算是完成了父亲的遗愿,只是他迁都的是北平,而不是关中或者洛阳。

朱棣在位22年间,在政治、经济、军事、文化等方面都做出了非常卓越的贡献。

故宫博物院

1925年10月10日,故宫博物院正式成立开幕。北京故宫博物院是一座综合性博物馆,位于北京紫禁城内,收藏品包括但不限于明朝、清朝两代皇宫及其收藏。

The Palace Museum

The Palace Museum officially opened on October 10，1925. The Palace Museum in Beijing is a comprehensive museum，located in the Forbidden City in Beijing，and its collections include but are not limited to the imperial palaces and their collections in the Ming and Qing dynasties.

1912 年 2 月 12 日，隆裕太后代皇帝溥仪颁布了《退位诏书》，宣告了清王朝的灭亡，标志着中国延续两千多年的封建帝制的结束。

根据辛亥革命后议定的《清室优待条件》，溥仪退位后仍然可以住在皇宫，仍然可以继续享受荣华富贵。但是溥仪可能知道这样的时日不会长久，就开始以赏赐的名义将宫内的大量金银珠宝运出宫外。当时的太监胆子越来越大，也开始偷偷将宫内的宝物偷出宫外。1923 年，一场大火将建福宫内大量价值连城的国宝化为乌有。眼看着紫禁城内这些巨大的、灾难性的损失，社会各界人士再也不能坐视不管了，他们纷纷提出要让溥仪离开紫禁城。

1924 年 11 月 5 日，冯玉祥控制的中华民国临时政府内阁会议通过了修正后的《清室优待条件》。修正后的《清室优待条件》第三条规定清室应该按照原优待条件第三条的规定，即日移出皇宫。5 日早晨，京师卫戍司令鹿钟麟、京师警察总监张璧带领军警前往紫禁城，将溥仪赶出了皇宫。

从溥仪出宫时起，紫禁城中大量的无价之宝就处于危险之中。1924 年 11 月 20 日，筹谋了十几天的清室善后委员会正式成立了。清室善后委员会开始清点皇宫一切所有，并进行分门别类整理。当时现场有人负责鉴别，有人负责编目，有人负责贴标签，还有人负责摄影。以上四人组不可随意离开工作现场，离开时必须经过仔细检查。

盘点工作结束后，新的博物馆于 1925 年 10 月 10 日开放，并命名为"故宫博物院"。开放典礼在乾清门举行，除了社会政要出席之外，普通百姓也可以花一元钱买门票进去参观，一睹国宝风范。

1949 年 10 月 1 日，中华人民共和国成立，故宫博物院隶属中央人民政府文化部。同时，故宫开始了大规模的修缮工作。在政府的大力支持下，每个宫殿都安装了避雷设备和消防设备。环绕故宫的筒子河也进行了彻底的清理和修缮。故宫内部的各个角落都进行了除草、垃圾处理、河道疏通等工作，残破的宫殿也都得到了修缮和油饰。经过几十年的努力，这座古老的宫城焕然一新，完美地站在了世人的面前,继续向世人展示它无穷的魅力和无尽的价值。

"紫禁城"名字的由来

"紫禁城"这个名字中的"紫"是紫微星的"紫","禁"意思是"禁止","城"是指有城墙的城。在中国传统占星术中,紫微星是天帝玉皇大帝的天堂住所。紫微星的周围是紫微垣,有15颗星。紫微垣是天帝和他的家人居住的地方。紫微垣对应紫禁城,是皇帝及其家人的住所。

Origin of the Name Zijincheng (The Forbidden City)

In the name of "Zijincheng", "Zi" refers to "Ziwei Star", "Jin" means "forbidden", and "Cheng" means "walled city". In traditional Chinese astrology, the Ziwei Star was the heavenly abode of the celestial emperor, the Jade Emperor. The star's surrounding region is the Ziwei Enclosure with 15 stars around it and the Ziwei Enclosure is said to be where the Jade Emperor and his family lived. The earthly counterpart of the Ziwei Enclosure is the Forbidden City, the abode of the terrestrial emperor and his family.

紫微星就是北极星,也是小熊座的主星。北斗七星围绕着它四季旋转。北斗七星斗柄指东,天下皆春;斗柄指南,天下皆夏;斗柄指西,天下皆秋;斗柄指北,天下皆冬。中国古代讲究"天人合一"的规划理念,用天上的星辰与都城规划相对应,以突出政权的合法性和皇权的至高性。北极星,是一颗永恒不动的星(其他所谓的"恒星",只是相对来说的),这就是为什么在野外迷失方向时可以靠北极星辨别方向。

茫茫夜空中布满亿万颗星辰,辨别北极星有两种方法。一是北极星相对较亮,抬头观看星空,寻找众多星辰中间最明亮的一颗。但因为各种自然客观原因,单纯地靠亮度辨别并不准确,一般采取的办法就是寻找"北斗七星"——天枢(贪狼)、天璇(巨门)、天玑(禄存)、天权(文曲)、玉衡(廉贞)、开阳(武曲)、摇光(破军)。这7颗星很亮很明显,又组成勺子形状,勺子尖延长线上较亮的一颗星就是北极星(紫微星)。在中国古代文化中,紫微星被认为是"众星之主"。

故宫城墙

明清朝代的都城有坚固的城墙,分为外城、内城、皇城和宫城。外城包着内城,内城包着皇城,皇城包着宫城,宫城即现在的故宫,又称紫禁城,当年也叫大内。故宫城墙是我国现存规模最大、保存最完整的皇家宫殿城墙。

City Walls of the Palace Museum

There were fortified walls in the capital Beijing of the Ming and Qing dynasties and the walls divided the capital into outer city, inner city, royal city and palace city. The outer city surrounded the inner city, the inner city surrounded the imperial city, the imperial city surrounded the palace city, and the palace city is now the Palace Museum, also known as the Forbidden City, then also called the Inner City. The city walls of the Palace Museum are the largest and the most completely preserved in existence of the royal palace walls.

故宫东西宽 753 米,南北长 961 米,周长 3 420 米,呈长方形,面积达到 72 万平方米,为世界之最。故宫的整个建筑被两道坚固的防线围在中间,外围是护城河,宽 52 米、长 3 800 米,用花岗岩条石砌筑河岸,其河水引自京西玉泉山,流向京东大运河。护城河不仅利于皇宫的守卫,也便于宫内用水与排水。接着是周长 3 000 米的城墙,墙高近 10 米,底宽 8.62 米。城墙下宽 8.6 米,上宽 6.6 米。当年砌筑宫城的城砖是专门烧制的山东临清产的"停泥"城砖。明代"停泥"城砖之所以誉名,是因其制作讲究,采用颗粒细腻之土,过筛后进行浸泡,这道工序称为选土练泥,然后再澄浆、制坯、阴干,这才制成质地密实的砖坯。最后将棱角完好、平整者入窑,用糠草熏 1 个月,片柴烧 1 个月,棵柴烧 1 个月,松枝柴烧 40 天,总需烧 130 天再客水出窑。当年砌筑宫墙用的城砖多达 1 000 万块,工程之巨,不言而喻。宫墙外观雄伟,十分坚固,除了显示金城汤池、皇权神圣以外,还具有一定的防御功能。

城墙上开有 4 门,南有午门,北有神武门,东有东华门,西有西华门。城墙四角还耸立着 4 座角楼,角楼有 3 层屋檐、72 个屋脊,玲珑剔透,造型别致,为中国古建筑中的杰作。

城墙是故宫的安全屏障,以前除了守卫人员,其他人很少有机会登临其上。当年毛主席曾在百忙之中连续3天登上故宫城墙,眺望古都的美景。如今,故宫的城墙和城楼面向普通游客开放。漫步于新的游览通道上,放眼望去,故宫内高低错落的宫殿建筑群气势磅礴,蔚为壮观,高大的红墙和黄色的琉璃瓦在阳光照耀下明媚璀璨。殿阁楼台雕梁画栋,仿佛人间仙境。景山5座亭子和北海白塔也清晰可见。天气晴好之时,极目远眺,远山如黛,林木苍翠,西山美景尽收眼底。

大学士

大学士为辅佐皇帝的高级秘书官,又称内阁大学士、殿阁大学士等。明清时流行的中堂一称,一般是指大学士或首辅大学士。

Grand Secretary

The Grand Secretaries are the senior secretaries to assist the emperor, and also known as the grand secretaries of cabinet and the grand secretaries of palace. A popular term Zhongtang in the Ming and Qing dynasties, generally refers to the Grand Secretaries or the chief Grand Secretaries.

大学士的名称前要加殿和阁衔,数目为6人。最初明朝大学士分"四殿""两阁"。分别为中极殿(原为华盖殿)大学士、建极殿(原为谨身殿)大学士、文华殿大学士、武英殿大学士、文渊阁大学士和东阁大学士。清朝将明朝的前两个大学士改成"中和殿大学士"和"保和殿大学士"。乾隆年间改"中和殿大学士"为"体仁阁大学士",成为"三殿三阁"。裁撤中和殿之前,中和殿大学士地位最高,裁撤之后,保和殿大学士地位最高,地位由高到低依次为保和殿大学士、文华殿大学士、武英殿大学士、文渊阁大学士、东阁大学士、体仁阁大学士。保和殿大学士中有我们比较熟悉的索额图、张廷玉、鄂尔泰和傅恒。

《永乐大典》

在中国历史上,有着这样的一个历史传统——"易代修史,盛世修书"。在这样的传统下,中国历史上出现了一部史无前例的鸿篇巨作,也是中国最早的百科全书,那就是《永乐大典》。

The Yongle Canon

In Chinese history, there is such a historical tradition: "History is compiled when a dynasty changes and books are compiled in prosperous times. " Under this tradition, an unprecedented masterpiece appeared in Chinese history, and it was also the earliest encyclopedia in China, that is, *The Yongle Canon*.

《永乐大典》是明永乐年间由明成祖朱棣先后命解缙、姚广孝(靖难之役的主要策划者,朱棣的谋士,后来被称为黑衣宰相)等主持编纂的一部集中国古代典籍于大成的类书。初名《文献大成》,后朱棣亲自撰写序言并赐名《永乐大典》。全书有22 877卷(另有目录60卷,共计22 937卷),11 095册,约3.7亿字,汇集了七八千种图书。

公元1403年,朱棣决心修一部巨著,宗旨是"凡书契以来经史子集百家之书,至于天文、地志、阴阳、医卜、僧道、技艺之言,备辑为一书"。最初解缙主持编纂(规模147人),一年后修成《文献大成》,但朱棣亲阅后甚为不满,钦点姚广孝担任监修,同时编纂队伍扩大到了2 196人(累计达3 000多人),于1407年定稿,朱棣亲自作序并赐名《永乐大典》。全书于1408年才抄写完毕。

《永乐大典》内容包括经、史、子、集,涉及天文地理、阴阳医术、占卜、释藏道经、戏剧、工艺、农艺,涵盖了中华民族数千年来的知识财富。《不列颠百科全书》在"百科全书"条目中称中国明代类书《永乐大典》为"世界有史以来最大的百科全书",《永乐大典》已经成为中国文化的一个重要符号。

如今世间流传的《永乐大典》仅剩嘉靖年间抄本,且全文剩余不到全书的百分之四。清代后期,八国联军进入北京,此次侵略毁灭的不仅仅是圆明园,还有保存在翰林院的《永乐大典》。外国侵略者对于珍宝仅抱有两种态度,一是带走，二是毁灭，而《永乐大典》则是后者。在这之后，珍本仅有极少部分被转卖各国。如今传世的仅剩 400 册左右，且无一例外俱是嘉靖副本。

朱棣之所以编写这部书，一是因为朱棣想做一位文化的传承者，流芳百世；二是因为朱棣想通过编纂这本书收拢天下儒士的心，为自己篡位之事实强势洗白。

《四库全书》

《四库全书》全称《钦定四库全书》，是清代乾隆时期编修的大型丛书。在清高宗乾隆帝的主持下，由纪昀等 360 多位高官、学者编纂，3 800 多人抄写，耗时 13 年编成。此书分经、史、子、集四部，故名"四库"。据文津阁藏本，共收录 3 462 种图书，共计 79 338 卷（相当于《永乐大典》的 3.5 倍），36 000 余册，约 8 亿字。

Sikuquanshu (The Four Categories)

Sikuquanshu, the full name of the *Imperial Collection of Sikuquanshu*, is a large series of books compiled during the Qianlong period of the Qing dynasty. Under the auspices of Emperor Qianlong, Emperor Gaozong of the Qing dynasty, it was compiled by more than 360 officials and scholars, including Ji Yun, and transcribed by more than 3,800 people, which took thirteen years to compile. Divided into classics, history, philosophy and literature, it has the name of *The Four Categories*. According to the collection of Wenjin Chamber, there are 3,462 kinds of books, a total of 79,338 volumes (equivalent to 3.5 times the *Yongle Canon*), more than 36,000 volumes, and about 800 million words.

这部大丛书总共收录了上自先秦、下至清朝乾隆以前 2 000 多年的重要书籍。这些书里包括了中国古代所有的重要著作和科学技术的成就。中国的文、史、哲、理、工、农、医，几乎所有的学科都能够从中找到源头和血脉。《四库全书》可以称为中华传统文化最丰富、最完备的集成之作，是中国古代最大的文化工程，对中国古典文化进行了一次最系统、最全面的总结，呈现出了中国古典文化的知识体系。《四库全书》一共有 200 多万页，装订成 36 000 多册，再装入

6 100多个函套中。

《四库全书》是用浙江出产的上等开化纸缮写的。书册封面采用丝绢装裱，绢面色彩遵循乾隆帝"经、史、子、集四部各依春、夏、秋、冬四色"装潢的理念，即用象征四季的颜色来标明书的类别：经书是儒家经典，居群籍之首，犹如新春伊始，饰以葵绿色；史部为历史典籍，著述浩博，如火之炽，应用红色；子部采撷诸子百家之学，如同秋收，饰以蓝色；集部诗文荟萃，好似冬藏，饰以灰褐色。南三阁之书与北四阁之书稍有差别，南三阁之书的经、史两部不变，子部为玉色，集部为藕荷色，仍不离春夏秋冬四季取法的初衷。

1782年初稿完成，1792年全部完成。乾隆帝命人手抄了7部《四库全书》，下令分别藏于全国各地。先抄好的4部分贮于紫禁城文渊阁、沈阳文溯阁、圆明园文源阁、承德文津阁珍藏，这就是所谓的"北四阁"。后抄好的3部分贮于扬州文汇阁、镇江文宗阁和杭州文澜阁珍藏，这就是所谓的"南三阁"。

《四库全书》虽然藏于南北七阁之中，但是纸本书籍毕竟不耐水、火。在历经沧桑之后，8部正、副本《四库全书》，只有3部原本保存至今：文渊阁本现存台湾，已由台湾商务印书馆影印出版，并由上海人民出版社制成光盘；文津阁本现存国家图书馆；文溯阁本现存甘肃省图书馆。文澜阁本在历史战乱中散失三分之二，后配补三次始齐，也是全本，今存杭州。此外，文源阁本及副本、文宗阁本、文汇阁本毁于战争。

乾隆帝修《四库全书》的目的有两个：第一，乾隆帝是个具有雄才大略的帝王，他本身就是文化的爱好者，所以编纂《四库全书》主要是用于传承文化；第二，封建帝王为了巩固自己的历史正统统治地位就要统治人民的思想，去除任何反抗清朝的思想。据统计，在乾隆编纂《四库全书》时销毁的书籍数量约为13 600卷，焚书总数共计15万册，销毁版片总数170余种、8万余块。被收录到《四库全书》中的很多古籍也经过了篡改，一些涉及契丹、女真、蒙古的文字被修改得失去了原貌。

《四库全书》的编纂无疑是中国文化事业的一大巨献，在国际上被称为"中国人修造的文化长城"。

表1 《永乐大典》与《四库全书》的异同点

		《永乐大典》	《四库全书》
不同点	类别	类书	丛书
	时代	明朝永乐年间	清朝乾隆年间
	编纂者	解缙、姚广孝（累计达3 000多人）	纪昀等360多位高官、学者
	统治者重视程度	朱棣构想，官员实施	乾隆全程参与
	册数	22 877卷，11 095册	79 338卷，36 000余册
	字数	约3.7亿字	约8亿字
	主要内容	天文地理、阴阳医术、占卜、释藏道经、戏剧、工艺、农艺等	文、史、哲、理、工、农、医等
	评价	"世界有史以来最大的百科全书"	"中国人修造的文化长城"
	留存	"正本"消失了，"副本"只剩下400余册	存世三部半
	价值	是中国古代的文学、医学、语言、地理等方面的宝藏	对中国乃至世界学术与文化都发挥了无与伦比的作用
相似点	编纂原因	政治需要，宣扬文治政策	
	编纂背景	政治安定，经济发展，文化风气盛行，有利于集聚人力、物力、财力纂修大型丛书	
	书写方式	手抄而成，因而数量极少，更为弥足珍贵	
	命运	《永乐大典》存有缺失，《四库全书》存世三部半	

紫禁城里的大火

据记载，1557年，紫禁城大火，前三殿被全部焚毁，后来又重新修建了，午门也是因为这场大火被焚毁了。1597年，紫禁城大火，焚毁前三殿。1644年，李自成攻打北京的时候，前三殿也被焚毁了。

Big Fire in the Forbidden City

According to historical records，in 1557，the Forbidden City caught fire，and the first three halls were all burned down and then rebuilt. Meridian Gate was also burned down in the fire. In 1597, the fire in the Forbidden City burned down the first three halls. In 1644, when Li Zicheng attacked Beijing, the first three halls were burned down.

紫禁城里发生火灾的主要原因有以下三个。

第一,很多大臣认为是天谴。朱棣的皇位是抢夺而来,不符合正统;也有人认为朱棣强行迁都北京,耗费大量人力物力,得罪了不少人;还有人认为火灾是不祥事件,都有了迁都回南京的心思,因此三大殿也没有马上重建。

第二,太和殿地基石台高8.12米,建筑高26.92米,总高35.04米,根据《明世宗实录》记载,奉天殿正面宽95.1米,深度47.55米,建筑面积4 522平方米。而现在的太和殿面积才2 377平方米,小了将近一半。在当时,这么高的建筑物很容易引来雷电,没有避雷设备,被雷电击中的概率很大。

第三,明成祖时期的三大殿地面建筑全部由木材构成,容易起火。其实这里有一个很重要的因素被忽略了。这些建筑用的木头为了防止虫蛀和腐朽,一般要干燥后用桐油浸泡一段时间,和当时造船的工序一样,然后刷上大漆(这个是天然漆,有毒)。这些工序使木制品耐腐蚀、抗虫蛀,生命周期增长,但是这些木质结构宫殿群等于是油木一体,一点就着火,火借风势更难救火了。

第四,防火措施不到位。故宫中每个宫殿旁都有配置大水缸,但是在明成祖时期的紫禁城配置相对不足。

新帝登基

新帝登基一般有三个程序:灵前即位、登基大典、改元建新。

New Emperor's Enthronement Ceremony

When a new emperor ascended the throne, he generally went through three procedures: ascending the throne in front of the memorial tablet, ascension ceremony, changing and estalishing the year title.

一、灵前即位

国不可一日无主,新皇及时登基,社会才能稳定。先帝的守孝期是27个月

（民间所谓的三年），为了照顾皇帝身份的特殊性，人们发明了"以日易月"，以27天代替27个月，也就是说，皇帝的守孝期为27天。

孝道要尽，皇位不能空，怎么办？于是有了第一道程序：灵前即位。灵前即位的时间节点没有规定，一般是大行皇帝（指中国封建帝制时代对皇帝死后且谥号确立之前的称呼）驾崩当日，或者驾崩后两三天内。

新皇灵前即位的程序比较简单，由先皇指定的大臣宣读遗诏后，新皇就算顺利接管了皇权，在场的所有大臣、侍卫、亲属都要对新皇行君臣大礼。

需要注意的是，这时候新皇虽然接管了权力，也明确了君臣名分，可是从严格意义上讲，他还只能算是"代理皇帝"，因为他还没有经历登基大典这一必要的程序。

二、登基大典

新皇登基，祭拜天地是必不可少的程序。江山社稷承之于祖宗，所以还得祭拜宗庙。当然，新皇登基也必须昭告天下，让天下的臣民都知道并拥戴新皇。

一般情况下，大行皇帝丧期一结束，新皇登基仪式要尽快举行。完成登基大典，新皇才算正式登基。

新皇要做的第一件事，是册立皇太后以及皇太妃，把先皇的后宫都安排到位后，才能轮得到自己的后宫。绝大多数情况下，皇后的册立要等到新皇登基的第二年，以示对先皇的尊重。其实不光册立皇后，很多新政的实施也要等到登基的第二年。

三、改元建新

按照儒家孝道，新皇登基的当年，不得更改年号，表示遵从先皇的遗志。第二年改元，才是新皇登基元年。也就是说，从政治意义上讲，先皇驾崩后的第一个春节，才是新皇登基的起始日期。

故宫颜色之传统文化

"五色"指赤（红）、黄、青、黑、白五种颜色。理论上，这五种颜色可调出其他所有颜色，故"五色"可泛指各种色彩。故宫是中国传统色彩的汇集地。了解故宫里的颜色,可以深刻感受古人的智慧和中国传统文化的博大精深。

Traditional Culture of Color in the Palace Museum

Five Colors refer to the five colors of red, yellow, cyan, black and white. Theoretically, all other colors can be called out through these five colors. Therefore, Five Colors can refer to all kinds of colors. The Palace Museum is a gathering place of Chinese traditional colors. Knowing the colors in the Palace Museum can help us percerve the wisdom of the ancient and the profoundness of Chinese traditional culture.

一、红色

中国古代对赤色的钟爱主要源于对太阳的崇拜、对火的崇拜和对血液的崇拜。

古代的原始人对太阳充满了崇拜和感激之情。原始人要想生存下去,必须要吃饱穿暖。吃饱穿暖必须依靠自然的供给。太阳除了直接给予人类温暖,更是万物生长的必需。农耕社会对太阳的需求和崇拜不言而喻。

后来人类发现了火,火的巨大功能更使人类惊喜。火让人类的生活发生了质的改变,火的炙烤让食物变得更加美味,让人们的身体变得更加健康。除了食物,火更被广泛运用于生活的方方面面:狩猎、取暖、照明等等。同时,古代人在实践中也深知火的破坏力,所以他们对火除了怀有崇拜,还怀有敬畏。

太阳和火的颜色主要是红色,所以我们有"火红的太阳"这样的表达,把火、红色和太阳三者的关系很自然地表达出来了。"赤"的造字就借用了"火"的形象,人类从崇拜火和太阳开始进而崇拜红色。

红色崇拜的另一源头是血液崇拜。红色是血液的颜色,对血液的崇拜催生了对红色的崇拜。远古时期,人们发现受伤会身体流血,而流血过多,就会失去生命。人们意识到了血液对身体甚至生命的重要性,认为血液是生命之源,开始对血液产生了崇拜之情。许多原始民族在葬礼时把赤铁矿粉末撒在尸体周围,就是将红色粉末作为血液和生命的象征,希望死者能够重获生命力。对血液的崇拜和重视,让人类对血液的颜色也产生联想。人们开始用红色代替血液,用于祭祀、驱邪和治病。

红色与血液的关系,在现代也是适用的。五星红旗的颜色是烈士们用鲜血染成的,这是对烈士牺牲的最高褒奖和怀念方式。我们通常以隐喻的方式将为革命事业牺牲流血称为红色事业,将革命文化称为红色文化。红色与流血牺牲紧密联系,让我们对红色油然而生敬意。

除了上面的几个原因,明朝对红色的热爱还有几个特殊的原因。首先明朝的开国皇帝朱元璋姓朱,朱即是红色。朱元璋参加过红巾军,他们头戴红色头巾,战斗了 12 年之久,沉重打击了元朝的统治。从这两个方面可以知道,朱元璋对红色是情有独钟的。在中国传统文化中,红色也一直被视为喜庆的正色,寓意庄严、幸福、吉祥。综合上面的所有原因,故宫内使用大量红色就不足为奇了。放眼望去,偌大的紫禁城一片红黄的颜色。宫墙、立柱、门窗等全部都是红色。故宫宫墙的红色是朱砂红,是在颜料中加了朱砂产生的颜色。所以我们通常说红色为故宫的代表色。走在故宫里,沐浴在一片红色的海洋之中,除了感受到皇家的威严庄重之外,也能感受到皇家生活的华贵。红色高墙内的世界,也正如红色这一颜色一样,既神圣高贵、充满神秘、令人向往,又令人心生敬畏,甚至避之不及。如今,红色高墙依然如故,历历往事却只剩追忆。故宫红已不止是一种单纯的颜色,更是一段历史、一种文化,让我们不断省思过去和憧憬未来。

除了故宫建筑上的红色,红色也体现在故宫国宝之中。永乐年间,工匠们烧制了鲜红釉。鲜红釉色调鲜艳如初凝的鸡血,因此又被称为鸡血红。永乐鲜红釉极为名贵,呈色鲜艳,釉色中闪耀着宝石般的光洋。之所以如此,除了因为匠人掌握了先进的瓷器烧制技术外,据说在釉料中还掺有西洋的宝石末,有珊瑚、玛瑙以及玉石等贵重原料。难怪在瓷器界流传着"要想穷,就烧红"的俗语,这也从侧面印证了明朝初期国力的强盛。到了宣德年间,较之永乐鲜红釉,宣德红釉更胜一筹,在种类上出现了祭红、积红、霁红、醉红、大红、牛血红等新品种,色调上红釉层次分明,有深、略深、浅、淡四种,形成了宣德红釉的鲜明特色。

嘉靖继位后,为了满足祭祀的需求,匠人烧制出了矾红。嘉靖二年令江西烧造瓷器,内鲜红改作矾红。不可否认,矾红是鲜红釉的替代品。与以铜作为着色剂的鲜红釉相比,用氧化铁作为呈色剂的矾红,除了容易烧制,色泽也较为稳定,对于实力大减的明朝来讲,是非常好的替代品。

嘉靖时期的明朝已经千疮百孔,但是皇帝仍然希望用矾红来维持皇室的尊严,然而这份尊严的维护并不持久,之后的明朝再也烧不出新的红釉瓷。当这一抹红色与明朝渐行渐远时,是否也在昭示着明朝末日已经来临了呢?

二、黄色

我国历史上几乎每个朝代都有自己的御用或者崇尚的颜色,这与五色、五行、德运等有关,如黄帝时尚黄、夏朝尚黑、殷商尚白、西周尚赤,当然前面提到的这些朝代因为历史较远,他们是否真的崇尚这些颜色,至今也没有特别充分的证据来证明。秦朝崇尚黑色,汉初尚赤。到汉武帝时,改尚赤为尚黄。唐朝和宋朝都尚赤,元代尚白,明代也尚赤,清代尚黄之风突出,后世朝代的帝王皇室仍以黄为尊。

中国古代人民对黄色的热爱或者说崇尚历史悠久。女娲造人的传说家喻户晓,开天辟地之后,世界上有了高山大川、河流树木、花鸟鱼兽等等。这时出现了一位女神,就是女娲。女娲觉得这个世界还是不够丰富,就用地上的黄土捏成了小人。小人一被放在地上,就活了过来,还会开口说话。女娲觉得非常好,就又捏了很多这样的小人,从此世界上有了人类。女娲成了人类的祖先,这在许多历史典籍中都有提及,比如《山海经》《楚辞》。女娲用黄色的土造就了黄色皮肤的中国人,黄色自然就是我们最亲近、最崇尚的颜色。

贯通整个中华民族文明史的黄河怎能不成为人们的崇拜对象呢?人们对黄河的崇拜体现在生活的很多方面。首先有大量歌颂黄河的诗词,比如"君不见,黄河之水天上来,奔流到海不复还""白日依山尽,黄河入海流""九曲黄河万里沙,浪淘风簸自天涯",描述黄河的诗词不胜枚举。其实黄河最初不是叫作"黄河",而是叫作"河"。黄河号称"一碗河水半碗沙",因为含沙量大,河水呈现黄色,所以慢慢有了"黄河"这一名称。我们常常说黄河是我们的母亲河,黄河是我们的血脉,因此黄河的崇拜,黄河的黄色自然就成了我们崇拜的颜色。

古代人们对黄金非常崇尚,主要有以下几个原因。首先,黄金不氧化、不腐朽、不生锈,化学性质非常稳定,人们认为食用黄金能够长寿。其次,黄金作为装饰品镶嵌在有权力的人的服饰上,成了权力的象征。最后,黄金作为货币进行流通,成了财富的象征。黄金的黄色自然也就成了一种华贵的颜色,受到了人们的喜爱和追捧。

根据五行之说,黄色属土,土居中,而帝王居天下之中,这也是故宫中使用了大量黄色的原因之一。故宫的屋顶大多是黄色的,所以给人的第一印象就是"红墙黄瓦"。登上景山,放眼望去,眼前是一片金碧辉煌、气势恢宏的景色。

故宫中除了建筑上的黄色,皇帝御用的器物和服饰也大都是黄色的。在中国的古代,黄色甚至成了皇帝的专用色。其实颜色没有高低贵贱之分,只有个人喜爱与偏好。但在中国古代,有些颜色却被赋予了不同的含义,从而使颜色与政治和身份产生了联系。

北朝以后,逐渐以服饰颜色区分高低贵贱,根据染制难度从高到低是:紫、绯、绿、青、黄、白。可以看出这个时候黄色还只是非常普通的颜色,甚至是地位低下的颜色。到了隋朝,隋文帝个人喜好色泽略深、黄中偏赤的赭黄,而唐朝皇帝沿袭隋文帝旧习,继续选用赭黄袍服,并慢慢形成习惯,赭黄变成皇帝的专属,开始禁止臣民使用。需要注意的是,刚开始禁止使用的只是赭黄,其他黄色可以使用。后来其他黄色才逐渐升级,成了皇家的专属。

提到故宫中的黄色,大家还能想到的就是皇帝的龙袍。其实,龙袍的颜色不只有黄色,确切地说,是有黄、白、红、蓝,即明黄色、月白色、大红色和石青色。到了乾隆时期,石青色改成了蓝色。清朝的龙袍上通常绣有9条龙。龙袍的下摆,斜向排列着许多弯曲的线条,名谓水脚。水脚之上,还有许多翻滚的水浪,水浪之上,又立有山石宝物,俗称"海水江涯",它除了表示绵延不断的吉祥之外,还有"一统山河"和"万世升平"的寓意。

清朝还有一种大家都很熟悉的黄色服饰,那就是黄马褂。马褂是满族人为了方便骑马而发明的"鄂多赫",它不是中原装束。人们把骑马时穿的褂子,称作"马褂"。皇帝外出打猎穿着马褂,后来逐渐成为八旗士兵们常见的装束。御前近卫和近臣所穿的黄马褂又被称为"行职褂子"。他们只有在履行职责时才能穿,等到离任时,黄马褂也要交还于宫中。还有一种"行围褂子",是在围猎时才能穿的,就是有资格陪同皇帝打猎的人才能获得这种马褂。还有官员立下大功,皇帝赏赐一件黄马褂,叫作"武功褂子"。在清朝中后期,皇帝为了拉拢朝臣或朝外的势力,会将黄马褂作为礼物来赏赐。因功而赏赐的黄马褂一般不会被收回,但也不是随时都能穿。只有在举行重大典礼时,受赏者才有资格穿上黄马褂,平时甚至要将其供在家中以表尊重。被赏过黄马褂的官员常常会充满优越感,往往也具有更大的威望和话语权。

三、黑色和青色

据记载,琉璃瓦早在春秋时期就开始使用了。到了元朝,琉璃瓦得到了大规模的使用。明清时期,琉璃瓦的使用得到了规范:黄色琉璃瓦主要是皇帝宫殿和庙宇使用,青色的琉璃瓦可以用于王府的建筑,黑色、红色等颜色的琉璃瓦可以用于其他的建筑。

在故宫的宫殿中,有几个比较特别的宫殿不采用黄色的琉璃瓦做屋顶,且都具有特殊的含义。作为故宫图书馆的文渊阁,其屋顶是黑色的琉璃瓦,那是因为五行中水的对应色是黑色。文渊阁里面珍藏着大量的图书,尤其是《四库全书》,这样的藏书处最怕的就是火灾,尤其是明清时期防火设施并不完善和科学,防火工作就成了当时各个宫殿最大的任务。水能克火,所以代表水的黑色就被运用到文渊阁的屋顶之上。

皇室阿哥们居住的南三所,也称为"阿哥所",屋顶的琉璃瓦是青色的。青色是自然的颜色,充满生机和希望,寓意生长和繁荣,所以这里的屋顶就采用了绿色。皇子的成长是皇室的大事,关乎江山社稷的未来,青色的屋顶深刻地表达了皇子尊贵的身份以及对皇子的深切祝福和期盼。

四、白色

说到故宫的颜色,大家都会想到红色和黄色,而往往忽视了故宫中另一个被大量使用的颜色,那就是白色。洁白的汉白玉大理石或拱托、或环绕着木质宫殿,还有基座、栏杆、金水桥、阶梯和各种雕饰等等。朴实无华而又高贵典雅的白色,在红墙黄瓦中点缀着,使大红色显得不那么厚重,更增添了雅致的情趣和轻灵的感觉。

汉白玉颜色洁白、质地坚硬,是白色大理石中的精品,是上等的建筑和雕刻材料。我国从汉代起就用这种宛若美玉的材料修筑宫殿,装饰庙宇,雕刻佛像,点缀堂室。天安门前的华表、金水桥,故宫内的宫殿基座、石阶、护栏也都是用汉白玉制作的。

故宫布局之传统文化

故宫作为明清两代皇家居所,无论是建筑规制还是建筑特点都体现了中华民族传统文化元素和文化特色,也体现了中国古代工匠深厚的文化底蕴。故宫是中国最高建筑典范和中华传统文化结合的杰出代表。

Traditional Culture in the Layout of the Palace Museum

As the royal residence of the Ming and Qing dynasties, the Palace Museum embodies the traditional cultural elements and cultural characteristics of the Chinese nation both in terms of architectural regulations and architectural characteristics. The rich cultural heritage of ancient Chinese artisans is also perfectly reflected in every aspect of the Palace Museum. The Palace Museum is an outstanding example of the combination of China's highest architectural model and traditional Chinese culture.

一、五方

五方指的是东、南、西、北、中五个方位。根据中国传统文化,每个方位都有自己的特征:东方代表的是万物复苏、繁荣昌盛;西方代表的是萧瑟肃杀,苍白无力;南方代表的是炎热干燥;北方代表的是阴暗寒冷;中央代表的是富饶滋润。

二、五行

五行学说是我国古代人民认识世界的基本方式,也是解释世界万事万物的基本方法,多被运用于中医、命理和占卜等方面。五行指金、木、水、火、土。相生是指两类属性不同的事物之间存在相互帮助、相互促进的关系,具体是:木生火,火生土,土生金,金生水,水生木。相克则与相生相反,是指两类不同五行属性事物之间相互克制的关系,具体是:木克土,土克水,水克火,火克金,金克木。

三、四象

四象表示天空东、西、南、北四个方向的星象,即东方青龙,西方白虎,南方朱雀,北方玄武。也就是说东方的星象如一条龙,西方的星象如一只虎,南方的星象如一只大鸟,北方的星象如龟和蛇。

四、阴阳

阴阳是一个简朴而博大的中国古代哲学概念。阴阳是中国古代文明中对蕴藏在自然规律背后的、推动自然规律发展变化的根本因素的描述,是各种事物孕育、发展、成熟、衰退直至消亡的原动力,是奠定中华文明逻辑思维基础的核心要素之一。

根据中国古代五方的思想,中央是肥沃的滋养万物之地,集合了四方之利,所以故宫在选址上充分考虑了这一点。故宫的中轴线与北京城的中轴线完全重合,充分体现了故宫"中"的位置,可谓是"中"中之中。故宫外朝三大殿坐落在故宫中轴线的重要位置,是外朝的中心。尤其是太和殿,这座象征坐拥天下、皇权至高无上的建筑是外朝的中心。太和殿建立在巨大的"土"字形台基上,正印证了五行中土对应的"中央"位置。三大殿为外朝的中心,文华殿和武英殿为对称的两翼。内廷以乾清宫、交泰殿和坤宁宫为中心,左右各有东西六宫。皇帝和皇后生活的地方位于内廷的中心,正是封建等级制度的体现。中心的位置就是最重要、最优秀、等级最高的位置。距离中心越近的宫殿,相应的地位和等级也越高,这在东西十二宫中得到了非常充分的体现。五行中的土除了对应"中心"的地理和等级位置,还对应五色中的黄色。黄色在中国传统文化中是帝王的专属色或者御用色,是其他人绝不能沾染的颜色。紫禁城中绝大多数宫殿的屋顶都是黄色,这些都表现了皇权的至高无上。

五行中的火对应五方中的南方,对应五色中的红色,亦对应四象中的朱雀。故宫的南门是午门,午门上部为一座门楼,两翼俗称"雁翅楼"。整座建筑高低错落,左右呼应,形若朱雀展翅,故又有"五凤楼"之称。午门的这一设计正对应了四象的朱雀。午门墙壁均涂以红色,是根据五色中"南方谓之赤"的思想。

五行中的木在五方中对应东方,也对应五色中的青(蓝或绿)色,并对应四象中的青龙。乾清门内东边是上书房,是清代皇子、皇孙读书的地方;文华殿位于紫禁城的东部,是太子读书的地方;护佑后代的繁荣兴旺的祖先宗庙也在东方。这些建筑的屋顶均为青色琉璃瓦顶,象征了春草萌生、万物生长、欣欣向荣。

五行中的金对应五方中的西方,对应五色中的白色,对应四象中的白虎。在五行的相生规则中为"金生水",在相克规则中为"金克木"。西六宫的西侧为外西路,有慈宁宫、寿康宫、英华殿等建筑,是太皇太后、皇太后、太妃、太嫔居住的地方。在人生的道路上,她们已经到了"收"的阶段,故将其宫殿建于西方。我国自汉代起多将太后的宫室建在西侧,之后历代宫殿建筑均沿袭这样的布局。故宫内的内金水河是引自北京西郊的玉泉山水,所以命名为"金水"。"金水"通常是指从西方流过来的水。故宫西侧的长安右门俗称白虎门。在明清时期,每年农历八月中旬,皇帝会在长安右门内进行秋审,即对各省上报死刑案件进行复核。由于犯人进入长安右门后犹如入"虎口",九死一生,因而长安右门俗称白虎门。

五行中的水对应五方中的北方,对应五色中的黑色,对应四象中的玄武。故宫的北边,即坤宁宫之北,种植了大量的树木。在位于故宫中轴线正北方的御花园内也广植树木,就是利用了"水生木"的五行规则。文渊阁是用来藏书的地方,最忌火,所以文渊阁的屋顶采用黑色的琉璃瓦,黑色对水,以水灭火,这是文渊阁最大的愿望。紫禁城北门是玄武门,对应四象中的玄武,但是因为"玄"字与康熙帝的名字"玄烨"犯了忌讳,所以后来将玄武门改为神武门。

密建皇储

中国古代统治者十分重视皇位的继承,皇位的继承通常有两种方式。一种是把皇位传给和自己一起打天下的兄弟,这就是我们常说的"兄终弟及";一种是把皇位传给自己的儿子,也就是"父死子继"。

Secretly Establishing Crown Prince

Ancient Chinese rulers attached great importance to the succession of the throne. They usually inherited the throne in two ways. One is to pass the throne to the brothers who fight for the world together with themselves, which is what we often call "a younger brother's succession to the throne after the death of his elder brother". The other is to pass the throne to his son, that is, "the son's succession to the throne after the death of his father".

在中国古代家庭里,正妻生的子女,被叫作嫡出;妾室生的子女,则叫作庶出。古代君王嫔妃众多,子女自然也是很多。修宗谱时,未成年而早殇的被排除在外,当时活着的皇子都得入谱排名,以后如果去世了也不会移除。"立嫡以长不以贤,立子以贵不以长"的嫡长子制度,由此诞生。嫡长子制度不能从根本上解决皇位继承的问题。嫡长子从一出生就成了其他皇子或党派的眼中钉,会招来无限纷争甚至是杀身之祸。纵观古代历史,皇位大多不是嫡长子继承的,这其中的冤假错案、冤魂野鬼不计其数。秦始皇遗诏扶苏结果被胡亥篡位;汉武帝立太子刘据结果被自己冤杀;李世民寄希望于李承乾,结果遭遇太子逼宫只好废掉;宋太祖烛光斧影而亡,皇位旁落赵光义;元代的忽必烈、明朝的朱棣、清朝的康熙均不是嫡长子。

康熙帝有 35 个儿子,几个幼年夭折,序齿(按年龄大小排序)的儿子有 24 个。其中有 9 个参与了皇位的争夺(大阿哥胤褆、二阿哥胤礽、三阿哥胤祉、四阿哥胤禛、八阿哥胤禩、九阿哥胤禟、十阿哥胤䄉、十三阿哥胤祥、十四阿哥胤禵),最后皇四子胤禛当了皇帝。"九子夺嫡"事件给康熙帝敲了警钟,他终于意识到了这个制度的局限性,遂以贤能作为标准选择继承人。雍正帝时设立秘密立储制,他亲自手写两份立储诏书,一份私留,另一份藏于乾清宫"正大光明"匾额后面。皇帝驾崩后,两份诏书都取出互相佐证。乾隆帝成为清朝第一个以秘密建储制继位的皇帝。

明朝皇子的教育

据皇家玉牒记载,自明太祖至明思宗,共有皇子 107 位。众所周知,明朝的皇帝多为昏庸无能,这与皇子所受教育是分不开的。明朝开国皇帝朱元璋因为自己是布衣出身,未受过良好的教育,所以他非常重视子嗣的教育。朱元璋曾经命宋濂等儒家大师为老师教自己的皇子读书。太子朱标和其子朱允炆皆受到了良好的教育。与朱标不同,朱棣自幼多习武练兵,朱棣更多地继承了朱元璋的残暴性格,所以有了后来的"靖难之役"。朱棣对皇子的教育不是特别重视,对姚广孝等鄙视儒学的人比较看重,所以朱棣的皇子所受教育并不理想。

Education of the Princes in the Ming Dynasty

According to *Yudie* (Pedigree Documents) in royal family, there were 107 princes from Emperor Taizu of Ming to Emperor Sizong of Ming. As we all know, the emperors of the Ming dynasty were mostly incompetent, which was inseparable from the education of the princes. Zhu Yuanzhang, the founding emperor of the Ming dynasty, attached great importance to the education of his children because he was from a poor family background and had not received good education. Zhu Yuanzhang once ordered Song Lian and other Confucian masters to educate his chidren. Crown prince Zhu Biao and his son Zhu Yunwen were well educated. Unlike Zhu Biao, Zhu Di practiced martial arts since childhood. Zhu Di inherited Zhu Yuanzhang's cruel character more, so he launched the later "Battle of Jing Nan". Zhu Di didn't pay special attention to his children's education, but he paid more attention to people who despised Confucianism like Yao Guangxiao, so the education of Zhu Di's princes was not ideal.

朱棣之子朱高炽性情温和,颇有朱标父子的风范,但是登基 9 个月便去世,朱瞻基继位。朱棣比较喜爱这个皇孙,也命翰林官员为朱瞻基的老师,但是朱瞻基曾经因为私怨记恨自己的老师,或将其处死,或将其关押牢狱,这也说明了朱瞻基所受教育的失败。后来经筵日讲成为教育皇子的主要方式。但是经筵时间不长,且间隔很久,皇子所受教育不持久也不系统。这时宦官当道,每日陪伴皇子的不是他们的老师,而是宦官。宦官只会一味地讨好皇子,皇子怎么高兴怎么来,吃喝玩乐便成了日常,所以"土木堡之变"的发生并不是偶然。朱祁镇夺回皇位之后,终于意识到了皇子教育的重要性,定东宫出阁讲学仪,将太子讲学正规化、系统化。同时朱祁镇还为其他皇子制定了诸王读书仪。朱见深继位后,因为幼时受过良好的教育,行事比较仁慈宽厚。但是万贵妃专制后宫,使朱见深险些断子绝孙,幸好近臣为其保留下了朱佑樘。为了防范万贵妃的迫害,朱佑樘不得不久居深宫,这非常不利于他的学习和读书。朱佑樘又重蹈覆辙,整天与宦官相伴,甚至以宦官为老师,这严重违反了太祖严禁宦官读书、干预朝政的祖训。朱佑樘后来将经筵日讲制度化,虽然他的教育来源主要是经筵日讲,但是朱佑樘努力学习,擅于思考,终于有所成就,出现了"弘治中兴"的繁荣景象。朱厚照继位后,因其性格顽劣、贪玩好武,很快就以天气炎热或身体不适等借口不再参加经筵了。朱厚照无子嗣,兴献王的儿子朱厚熜登上皇位。朱厚熜所受教育并不多,后来又沉迷于修仙练道,二十几年不上朝。朱厚熜一心研究炼丹术,根本无暇顾及儿女的教育和引导。朱厚熜之子朱载垕17岁才得以在王府学习,张居正也曾为其讲读。在徐阶、高拱、张居正等人的辅佐下,朱载垕的时代比前人有所改观,被评价为"继体守文,可称令主",但其在位6年就去世了。朱厚照、朱厚熜(即正德、嘉靖)两朝皇帝对皇子教育的极度漠视,导致了宗室教育制度大受破坏,直接影响了明代中后期皇帝的个人素质。朱翊钧(万历)7岁被立为太子,继续通过经筵日讲的形式接受教育。在慈圣太后和张居正共同的监督管束下,朱翊钧一直学习很努力。张居正去世后,少年天子的叛逆嚣张一发而不可收拾。万历帝不视朝、不御讲筵、嗜酒、好色等等,比其祖父嘉靖帝更加昏庸。朱翊钧偏爱郑贵妃所生的儿子朱常洵,而忽视了长子朱常洛的教育。朱常洛受教时间只有10年,因为其父立储常年不决,直接引发了"国本"之争,梃击、红丸、移宫三案的发生,最终导致了明朝的灭亡。由于祖父对父亲朱常洛无好感,连带对皇孙朱由校也喜欢不起来,朱由校直至17岁都未能出阁读书。

由于朱由校失去了早期教育的最佳良机,加上其资质一般,后来的经筵日讲对其的作用也是微乎其微的。朱由校没有子嗣,皇位由其弟朱由检(崇祯)继承,也就是明朝的最后一位皇帝。朱由检对太子的教育非常重视,但是大厦倾倒已成定局,崇祯帝的努力终将无法改变这一切。

明朝皇子的教育缺点很多:皇子受教育的时间短、常间断,没有形成固定而完善的制度,致使皇子受教育的情况并不理想;明朝立储采用立嫡长子的制度,这样其他的皇子就失去了进取的空间,往往安于现状;明朝宦官陪伴皇子的时间较长,给皇子性格的塑造带来了非常不好的影响。

皇子都是口含"金钥匙"出生的孩子,真可谓一人之下、万人之上。但是即使是这样的出身和地位,没有良好的教育,最后也会功亏一篑。对一个国家来说,教育永远都是头等大事,关乎一个国家的发展和未来。

清朝皇子的教育

清朝的皇帝吸取了明朝的经验教训并有所创新,所以清朝皇室的整体素质明显高于明朝。清太祖努尔哈赤是靠武力征服天下的,但是他意识到了单靠武力是无法永远征服天下的。1621 年,他任命准托依、博布黑等 8 人为八旗师傅,教八旗子弟学习文化。顺治帝福临勤于读书,亲自编写了《资政要览》一书,这本书后来成了清朝皇子的教科书。

Education of the Princes in the Qing Dynasty

The emperors in the Qing dynasty absorbed the experience and lessons of the Ming dynasty and made some innovations, so the overall quality of the royal family in the Qing dynasty was obviously higher than that in the Ming dynasty. The emperor Taizu of Qing Nurhachi conquered the world by force, but he realized that force alone could not conquer the world forever. In 1621, he appointed Zhuntuoyi, Bobuhei and other six masters of the Eight Banners to teach his children to learn culture. Fu Lin, the Emperor Shunzhi, was very diligent in learning, and personally wrote the book *Zizhengyaolan*, which later became the textbook of the princes in the Qing dynasty.

康熙是清朝第 4 位皇帝。他在位期间,诛杀鳌拜、平定三藩、收复台湾、驱逐沙俄、剿灭噶尔丹,为大清王朝的政权稳固做出了卓越贡献。他受到了良好的教育是其优秀的主要原因之一。陈廷敬、沈荃、南怀仁、黄锡衮、彭而述等都是康熙的老师,他们或是名噪一时的大学士,或是某个专项的奇才。正是他们的谆谆教诲,让康熙成了千古好帝王。康熙对其诸位皇子的教育也是非常严格和用心的。

《康熙起居注册》等书记载了皇子的一天。早晨 3 点钟,皇子就得起床开始一天的学习生活。3 时到 5 时,皇子开始学习,复习前一天的功课,等待老师的检查。5 时到 7 时,老师们会来检查皇子的功课情况。老师先是要求皇子背诵前一天学习的内容,皇子要把学过的内容背诵 120 遍。然后皇子要开始楷书的书写,大约写几百个字。7时到9时,康熙下早朝回来,亲自检查皇子的背书情况。康熙会挑出一个部分令皇子背诵,皇子只有一字不差将书背下来,康熙才会满意。随即,康熙会向老师询问皇子学习的情况,然后点评,并要求老师们严格要求皇子的学习。9时到11时,天气很热,皇子不能有片刻歇息,而是要伏案写文章。11时至13时,皇子进午餐。午餐过后,皇子不能休息,要将《礼记》中某些篇章诵读120遍,再背诵给老师检查。13时至15时,下人会给皇子带来点心,吃完点心后皇子会来到广场进行射箭的练习。15时至17时,康熙又出现了,他来听皇子的疏讲。17时至19时,是康熙检查皇子射箭的时间。诸位皇子纷纷挽弓,等待父亲的点评。待射箭结束,天已经漆黑了,皇子一天的学习生活才刚刚结束。

康熙时期出现了"九子夺嫡"之事,这令雍正帝不得不对立储问题重新思考。1723年,雍正帝确立了"密建皇储"的制度,皇子教育制度也得到了进一步完善:将皇子、皇孙集中起来的上书房教育正式诞生了。秘密建储制度让诸位皇子都有了继承大统的机会,所以形成了皇子之间的竞争,这也促进了皇子素质的提升。1739年,乾隆帝弘历颁布圣谕,正式确立了上书房教育作为皇子教育的形式,并规定了若干细节:就学时间为6岁;读书地点定为上书房;教育内容为汉文、满文和骑射。汉文主要教材是"四书""五经"以及《资治通鉴》《性理纲目》《大学衍义》《古文渊鉴》等。顺治帝福临的《资政要览》和雍正帝胤禛的《圣祖庭训格言》也是必读书目。老师选用方面,汉文老师由京堂翰林和大学士尚书担任,满文、骑射则由满洲蒙古大臣教授。

清后期的皇帝都严格按照"家法"教育其皇子,这时皇子的教育也发生了一些改变,比如:皇子接受教育的年龄越来越小;就学地点由上书房改为弘德殿、毓庆宫等地,方便太后监管控制;学习内容新增了魏源的《圣武记》《海国图志》、冯桂芬的《校邠庐抗议》等西学书籍。

与明朝的皇子教育相比,清朝的皇子教育显然更加完善和先进。康雍乾盛世的出现无不是3位皇帝所受优秀教育的功劳,同时因为清朝的皇子教育制度,也出现了几位著名皇帝,其对后世的影响都非常巨大。我们在学习这段历史的时候,无不惊叹于皇子教育之严格。身为皇子,从出生起虽然带着无数的幸运,但更多的是肩上的责任。皇子要比常人更努力、更博学、更勇敢才能胜任治理国家的重任。

殿试

我国科举制度传承和普及了传统儒学文化,拓宽了选拔人才的广度。科举制度也有很多的弊端,比如导致了官场的腐败、禁锢了人们的思想。

Palace Examination

China's palace examination system inherits and popularizes the traditional Confucian culture, and broadens the breadth of talent selection. The palace examination system also has many drawbacks, such as leading to corruption in officialdom and imprisoning people's thoughts.

> 朝为放牛郎,暮登天子堂。
>
> 将相本无种,男儿当自强!

这首童谣的前两句是说放牛郎早上还在为地主放牛,晚上就到天子堂来考试了。"天子堂"指的就是当时读书人梦想登上的殿堂:保和殿。

古代读书人,要有很好的记忆力和深厚的书法功底。"四书"指的是《大学》《中庸》《论语》《孟子》,"五经"指的是《诗经》《尚书》《礼记》《周易》《春秋》。

秀才要参加乡试,考中为举人,举人可以做县令之类的小官,社会地位也会得到很大的提升。举人还要到京城的国子监去考会试,然后才有资格参加殿试。"殿"指的就是保和殿。

殿试起初在天安门外举行,后改为太和殿广场,乾隆年间改为保和殿。由室外改为室内,是为了体现皇帝对考生的关怀。

殿试每三年举行一次,有时由皇帝亲自主考,有时由大臣监考。如果是皇帝监考,那么考生是不能在皇帝面前坐着的,整个考试的过程要跪着作答。殿试从早上考到晚上,整整一天。阅卷工作全部结束,皇帝要在太和殿举行一个隆重的发榜仪式,称之为"金殿传胪"。所有参加殿试的考生都云集在太和广场,皇帝亲自在大殿上宣读前三名的名字。前三名分别称为状元、榜眼和探花,其他被录取者称进士。前三名最大的殊荣是可以从午门正中的御道走出紫禁城。明清两代,累计文状元不过208名。

殿试只考策论,给出一大段文字,参加殿试的考生必须依据策题写出2 000字左右的策文。

其实每一级考试中,文章内容只是评判标准的一部分,最主要的是考生的书法。几千字的文章,没有一处圈改,单这一点就很难做到。

进士甲第的选定也并非全都出于真才实学,有时是凭皇帝的一时高兴。如明嘉靖二十七年殿试,吴情中了状元,因"吴"与"无"同音,嘉靖帝便说,"无情"岂宜得第一。当天夜间,嘉靖听到雷声轰鸣,不假思索,决定让秦鸣雷做状元。再如光绪二十九年殿试,前十名中有个人叫王寿彭,读卷官对"寿彭"两字大加赞赏,传说中的彭祖活了七八百岁,于是认为"寿彭"两字富有吉祥、喜庆之意,为了博得西太后的欢心,并且庆祝她十月初十的寿辰,因此主考官破例把王寿彭提拔为状元。

最后一次殿试是1904年,即光绪三十年,共取进士150人。此后,推行了1 000余年的封建科举制度最终被废除了。

黄金分割

太和门所在的院落长200米,宽130米,宽和长的比例达到0.65,这个数字与黄金分割率0.618很接近。同样地,以前明朝的大明门到景山的距离是2 500米,大明门到太和殿中心距离为1 504.5米,1 504.5比2 500是0.601 8,也与黄金分割率很接近。没有明确的证据表明中国宫殿的设计是受到了西方建筑观念的影响,但是中国还是西方都使用黄金分割便证明了其有用性,也显示出人类在追求美时都有共同的目标。

Golden Section

The courtyard where the Gate of Supreme Harmony lies is 200 meters long and 130 meters wide, with a ratio of width to length reaching 0. 65. This number is very close to 0. 618, the golden section. Also, the distance from Daming Gate in the Ming dynasty to the Mountain Jingshan is 2,500 meters. The distance from Daming Gate to the center of the Hall of Supreme Harmony is 1,504. 5 meters. 1,504. 5 to

2,500 is 0. 6018 and is also quite close to the golden section. There is no clear proof that can prove the design of Chinese palaces was influenced by western architectural ideas. However，the employment of the golden section in both China and the west testifies to its usefulness，and also reveals that human beings，share a common goal of the pursuit of beauty.

黄金分割是指将整体一分为二,较大部分与整体部分的比值等于较小部分与较大部分的比值,其比值约为 0.618。这个比例被公认为是最具美感的比例,因此被称为黄金分割。

黄金分割具有严格的比例性、艺术性、和谐性,蕴藏着丰富的美学价值,被认为是建筑和艺术中最理想的比例。

世界上的建筑具有黄金比例和黄金分割的有古埃及的金字塔、法国的巴黎圣母院、法国的埃菲尔铁塔、希腊的巴特农神庙。

紫禁城里的数字

如同古埃及的圣殿和金字塔一样,中国的紫禁城也有一套统领它建筑维度选择的法则。测量结果表明,紫禁城里各个庭院的形制是按照特定的比例设计的,具有阴阳特征的数字、黄金分割和其他数字为紫禁城增添了文化含义。

Numbers in the Forbidden City

Like the holy temples and pyramids in ancient Egypt，the Forbidden City in China has a set of rules governing the choice of its architectural dimensions. Its measurements show that the layout of individual courtyard in the Forbidden City was designed according to a specific ratio. Numbers with yin and yang characteristics，the golden section, and other numbers add cultural meanings to the Forbidden City.

皇帝是"九五至尊",所以紫禁城里的建筑将"九"这个数字运用得可谓是炉火纯青。据说,紫禁城里的房间数量是 9 999.5 间。古代计算房间,不是按平方米,而是按"四柱为一间"这样的标准来计算的。关于紫禁城里的房间数量,还有一个有趣的传说。相传朱棣在规划紫禁城的时候,原定房间数量是一万间。一天夜里,朱棣做了一个梦,梦见自己被玉皇大帝召到了凌霄宝殿。

玉皇大帝质问朱棣为什么要建造一个拥有一万间的皇宫。玉皇大帝说自己的天宫是一万间,而朱棣一个凡人怎能与自己相提并论。朱棣醒来就将这个梦讲给自己的心腹姚广孝听。姚广孝听完,一下子就顿悟了,说既然玉皇大帝的房间数是一万间,那么地上的皇帝的房间数可以比其少半间,那就是 9 999.5 间。直到紫禁城建成时,朱棣又问姚广孝,那半间房在哪里,姚广孝说在文渊阁中,文渊阁两个柱子之间的空地正是半间所在。不管这个故事的真假,9 999.5 间房正是"九五至尊"的最佳诠释。明代奉天殿面阔 9 间,进深 5 间,两者之比是 9:5。九龙壁、九龙椅、九龙图案的云龙阶石、九九八十一颗门钉、屋顶的五条脊梁、九只脊兽、九梁十八柱、七十二条脊等等这些数字要么是"九",要么是"九"的倍数,总之都是皇权的象征。清代的太和殿面阔为 11 间,进深 5 间,虽然不是 9 这个数字,但也是象征"阳"的单数。太和殿上的脊兽是 10 只,是紫禁城中唯一一个有 10 只脊兽的建筑,虽然这里是个双数,但足以说明太和殿独一无二的地位。

清朝围猎

清朝围猎是一项非常有意义的活动。康乾时代,围猎活动最为繁盛。

Hunting in an Encircled Area in the Qing Dynasty

Hunting in an encircled area was a very meaningful activity in the Qing dynasty. During the Kangxi-Qianlong Period, hunting in an encircled area was the most prosperous.

清朝是靠武力打下的天下,素来自称是马背上打下的天下。清朝的满族八旗子弟一向尚武,他们大多身体壮硕、勇猛善战。清朝皇子所受的教育中很重要的一部分就是学习骑射。清朝的不少皇帝也是能文能武,他们以通晓和精擅骑射为荣。

清朝围猎活动主要是从康熙帝开始,到道光皇帝时被废除。进行围猎活动的皇帝主要是康熙、乾隆和嘉庆,他们共进行围猎 120 多次。雍正皇帝也是非常重视围猎活动的,但是他勤于政务,总是有看不完的折子,所以一直有心无力,没有进行过围猎活动。

清朝皇室在黑龙江、河北、吉林、内蒙古、北京等地都设有围猎场。不同的季节,围猎有不同的名字。春天围猎叫作春蒐,夏季围猎叫作夏苗,秋季围猎叫作秋狝,冬季围猎叫作冬狩。大家一定对木兰秋狝非常熟悉。"木兰"是满语,是"哨鹿"的意思,就是"捕鹿"的意思。木兰秋狝的围猎场一般有 10 000 多平方千米,是一片水草肥美、树木茂密的地方,适合各种动物居住。围猎通常分为 4 个部分:撤围、待围、合围和罢围。撤围是指参加围猎的八旗子弟们绕围场一圈将围场围住,然后按照一定的节奏向内靠拢,逐渐缩小范围,直到一个合适的范围。待围指的是皇帝在一个位置绝佳之地,观望大家撤围的过程。此时也是皇帝进行热身的时候,他要为接下来的骑射活动做好准备。合围指的是围猎正式开始了。这时皇帝会命令蒙古族士兵围在最里面的一圈,然后是八旗子弟围在外面的一圈。皇帝首先进到围猎正中心进行狩猎。等皇帝狩猎结束,王公大臣们才开始进行狩猎,这就是罢围。待所有人都满载而归之后,围猎结束。围猎活动一般会持续 1 个月左右,是包括皇帝在内的满族贵族展示自己实力的大好时机。同时围猎也是清朝政府对外展示实力的一个机会,所以他们会让蒙古士兵围在最里层,是为了让蒙古士兵见识一下清朝王公贵族的作战能力。清朝围猎行为是个集政治、军事和娱乐功能为一体的活动,意义非常重大。

取暖设备

过去,北京的冬天非常寒冷,通常会达到零下二十度。那么紫禁城里是如何进行取暖的呢?其实皇宫里面的取暖设备非常齐全,现在看来,许多取暖的手段也是非常实用的。

Heating Equipment

Winter in Beijing was very cold, and the temperature usually reached 20 degrees below zero. So how did the people in the Forbidden City keep warm? Actually the heating equipments inside palace were very complete. Now it seems that many heating means are also very practical.

皇帝、皇后和主要嫔妃所住的宫殿都设有东西暖阁。暖阁外面的窗檐下面挖有一个一米半深的大坑,这个大坑直通暖阁的地下。大坑里面放进去燃烧着的火炉,暖阁地下是纵横交错的火道。火炉的热气通向火道,暖阁就暖和起来了。除了这种地暖的方式,宫殿里面也会安装火炉。嫔妃们还会使用捧在手里的手炉,或者叫作熏笼。火炉和熏笼里面烧的炭也是非常讲究的,它们由专门从北京周围运来的最好的木材烧制而成。这些炭首先运到今西四东侧的红罗场,所以这种炭也叫作红罗炭。红罗炭的优点是燃烧持久、火力旺盛,并且无味、无烟,对环境不会造成污染。在宫廷剧中经常会见到各宫嫔妃因为分配红罗炭不均引发嫌隙。其实各宫会根据主子们位份的高低分配红罗炭。但是因为冬天比较漫长,皇宫每日所需红罗炭数目惊人,就出现了争抢红罗炭的场景,不得宠的嫔妃也会被克扣红罗炭,不得不使用普通的炭来取暖。

康熙年间,玻璃传到了中国。皇宫中主要宫殿的窗户用玻璃取代了窗纸,这大大提高了采光度,也提升了室内的温度。

宣统帝时期,隆裕太后所居住的延禧宫安装上了电暖炉。但是那时的电暖炉还非常稀缺,价格也非常昂贵。据说隆裕太后所采购的电暖炉价格竟高达9 000两白银,一个月消耗电费近2 000两白银。

避暑

今天人们避暑的方法很多,但是在明清时期,没有空调、冰箱等物品,紫禁城里的人们是如何避暑的呢?

Summer Heat Escape

Today, there are many ways for people to escape the heat in summer. In the Ming and Qing dynasties, there were no such things as air conditioners and refrigerators, then how did people escape the heat in the Forbidden City?

紫禁城中最奢侈的避暑方式无疑是冰桶了。每年冬季"三九",是采冰人采冰的时候。不能在"一九"和"二九"采冰,因为这时候的冰还没有冻坚固,也不能在"四九"和"五九"采冰,因为那时候的冰趋于融化了。所以最好的采冰时间是"三九"。在北京周围的御河起冰,冰块按照统一的规格切割后运到冰窖里。冰窖的选址非常讲究,首先要是地势比较高的地方,并且土壤坚固紧实,土壤湿度大,这样的地方通常会有利于保持气温恒定。冰窖造型基本相同,一般是地下 1.5 米深、11 米长、6 米宽的窖,容积大约 330 立方米。冰窖分砖窖和土窖。砖窖的四周用石头或者砖砌成,四面都有坡道,便于运输。窖的底部一方或者两方修有坡度,或者窖的外面有抽水的设备,便于冰融化时向外排水。砖窖的顶部有屋宇覆盖。土窖的构造就简陋得多,顶部用竹竿等支撑芦苇等物,起到隔热护冰的作用。

清朝皇宫内储存冰的器具叫作冰桶或者洋桶。桶的内部通常是红木、花梨木等,有时也用金属制成。冰桶的形状设计非常合理,上大下小,底部有腿,两侧有手提环,盖子也是木板做成的。冰桶的盖子上有很多小洞,当里面的冰融化的时候,凉气就会从洞里冒出来,降温的效果非常好。有时也可以用冰桶来冰镇水果,据说慈禧就特别喜欢用冰桶冰镇水果吃。

紫禁城里避暑的另一种方式是在窗子的外面挂上帘子,以起到阻隔室外阳光的作用。有竹帘子,也有芦苇帘子。竹帘子的档次高于芦苇帘子。

搭凉棚也是一个避暑的好方法。通常用木头、苇席等物在广场或者院子里搭一个凉棚,遮挡烈日。棚顶的席子有的可以卷起来,在早晚可以收起来通风。

扇子是夏季避暑最寻常的方法了,在夏季,紫禁城里的人们更是扇子不离身。扇子的材料也是五花八门:纸、绢布、象牙、竹子、檀木等。扇子除了能给人带来清凉,还可以作为装饰品或者礼品。皇帝和位份高的嫔妃们有专人伺候,不必自己摇扇子。但是皇帝在上朝的时候是不可以有人伺候的,所以夏季时皇帝会选择更好的方式避暑。

在宫廷剧中经常会见到皇帝带着嫔妃们到圆明园或者承德避暑山庄去消暑。承德避暑山庄因为纬度比紫禁城高,所以凉快些,但是距离比较远,每次皇帝带着家眷来回太折腾,很多皇帝便选择去圆明园消暑。圆明园被称为"夏宫",是皇帝和嫔妃们夏天的好去处。圆明园虽然离紫禁城非常近,但是因为水系非常发达,所以比紫禁城凉快许多。盛夏时节,走在水边,自然会身心愉悦。同时圆明园里树木茂盛,走在路上,树木就是天然的遮阳伞。更美好的是水里有大片的荷花盛开,真的是"莲叶何田田"啊。去圆明园消暑还有一个好处,就是皇帝和嫔妃们不必守那么多的规矩。皇帝不必每天早朝,嫔妃们也不必每日请安。

皇家成员

皇家成员的称谓很多,了解皇家成员的称谓有助于我们了解那段历史和文化。

Royal Members

The appellations of royal members are various. Knowing the appellations of royal members helps us understand the history and culture of their times.

皇亲国戚或者皇室宗亲到底是指什么人呢?公主和格格有什么不同呢?太后有几种呢?这些问题常常会困扰我们。

清太祖努尔哈赤父亲塔克世的所有直系子孙都被称为"宗室",系金黄色腰带,称为"黄带子"。而努尔哈赤的叔伯们的子孙被称为"觉罗",系红色腰带,称为"红带子"。"黄带子"和"红带子"的区别还是比较大的,地位、权势和俸禄都有明显的区别。宗室玉牒的封面是黄色绫布,而觉罗玉牒的封面必须是红色绫布,不可混淆。"黄带子"和"红带子"也不是一成不变的,中间会因为各种因素有升有降,也有各种调整。其他的大臣和官员只能系蓝色或者石青色的腰带,绝不可有僭越的行为。

清朝初年,不论是皇帝还是贝勒的女儿都被统一称为格格。格格在满语中是"小姐"或者"姐姐"的意思。皇太极以后,皇帝的女儿皆称为公主。其中,皇后的女儿被称为"固伦公主",嫔妃的女儿或者皇后的养女称为"和硕公主"。在满语中"固伦"的意思是"天下",而"和硕"的意思是"一方"。这时,格格是皇室贵胄的女儿的称呼。

我们经常会听到"圣母皇太后"和"母后皇太后"的说法,两者的区别非常简单。"圣母"的谐音是"生母",所以"圣母皇太后"就是皇帝的生身母亲;而"母后皇太后",就是皇帝的嫡母,也就是先皇的皇后。

清朝有两种爵位继承法,一种是普通宗亲的继承法,每继承一代就要降一级。另一种是"铁帽子王",这是一种"世袭罔替"的爵位,不会因为继承而降级。严格意义上说,"铁帽子王"不是爵位,而是指特定的人。清初有八个人获得了这个爵位,他们都是清初的开国功臣,属于"功封",后来四位"铁帽子王"属于"恩封"。他们是礼亲王代善(努尔哈赤第二子)、睿亲王多尔衮(努尔哈赤第十四子)、豫亲王多铎(努尔哈赤第十五子,多尔衮同母弟)、郑亲王济尔哈朗(努尔哈赤同母弟舒尔哈齐第六子)、肃亲王豪格(皇太极长子)、庄亲王硕塞(皇太极第五子)、克勤郡王岳托(努尔哈赤之孙,代善长子)、顺承郡王勒克德浑(代善之孙)、怡亲王允祥(康熙第十三子)、恭亲王奕䜣(道光第六子)、醇亲王奕譞(道光第七子)、庆亲王奕劻(乾隆十七子永璘的嫡孙,最后一位被封为世袭罔替的亲王)。

亲王是皇室中最高的爵位,只有皇子或者皇帝的兄弟才能获封亲王。亲王爵位向下传,因为要降一级,只能是郡王。郡王的儿子也要降一级,就是贝勒。贝勒的儿子就是贝子了。这些爵位的人因为等级的高低,所受俸禄不同,所穿衣服的形制也不同。

选秀制

今天的我们似乎对古时的选秀制特别感兴趣。古代帝王,后宫佳丽无数,这到底是怎样进行的呢?

System of Imperial Concubine Selection

Today we seem to be particularly interested in the system of imperial concubine selection in ancient times. A ruler of an empire "reads" all the beautiful women in the world, how was this going on?

清入关以前,皇室的婚姻主要是建立在政治联盟基础之上的,也就是满族皇室都是与蒙古族进行联姻的。这样的联盟是最有力的巩固清政权的制度,努尔哈赤和皇太极两代都是如此。清入关后,顺治帝作为第一个入住中原的皇帝,在母亲和叔叔的安排下娶了蒙古卓礼克图亲王吴克善的女儿,也就是顺治帝的母亲孝庄皇太后的亲侄女博尔济吉特氏。可是顺治帝非常不喜欢这个皇后,认为她没有掌管后宫的能力,意欲废后。尽管大臣们极力反对和施压,顺治帝还是于1653年下旨将皇后降为静妃,退居侧室。此后不久,顺治帝诏告天下,皇后可以从满洲官员之女中选,这样皇后人选的范围就扩大了,不但包括了蒙古族女子，也包括了满族女子。这是清朝选秀制的开始。

通过首次选秀，科尔沁蒙古镇国公绰尔济 14 岁的女儿博尔济吉特氏当选为新的皇后。无巧不成书，这位皇后竟是废后静妃的侄女，孝庄皇太后的侄孙女。1654 年 6 月，顺治帝第二次大婚，册立皇后。经过顺治的努力和实践，清朝选秀制初具模型。按照选秀制，满族八旗女子，每隔 3 年，进行一次选秀。选秀制规定凡是 13 岁至 17 岁的女子，都要每年向户部报告自己的相关信息。大选之时，满足条件的女子乘马车来到紫禁城外，等待参选。女子们首先来到紫禁城北门神武门集合，等待专人将她们带到顺贞门门外，按年龄排好顺序，等待第一轮的"面试"。第一轮"面试"由太监进行，通过的就被"留牌子"。第一轮胜出的女子就可以由神武门进入紫禁城，进行最后的角逐。第二轮通常是 6 个人一组，站成一排，接受太后、皇帝或是皇后的检验。这一轮不单单是简单地看一下外形了，还要进行绣锦、执帚等技艺的考验。通常我们会有这样的误解，认为皇室选秀就是"选美"，其实不然。皇室选秀主要看两个方面，就是家世和品德。首先家世是一条红线，不符合家世出身要求的，是绝不可能参选的。另外看品德，比如仪态、举止。至于单纯的漂亮脸蛋，往往在选秀中不占优势，因为太后或者皇后会对漂亮的脸蛋格外忌惮，她们觉得太美的女人会祸国殃民。最后被选中的女子有的会成为皇帝的嫔妃，有的会被指派给亲王、贝勒等做福晋，也有的就留在宫中做普通的宫女，承担日常收拾洒扫等工作。

一入宫门深似海，这句话一点都没错。入选皇宫的女子最后的结局也不全是好的。皇帝的后宫佳丽三千，能真正得到皇帝宠爱的人简直是凤毛麟角。即使在后宫中得到了一定的地位，在复杂而险恶的后宫斗争中，又有几个能保全自己、保全家人呢？若成了普通的宫女，那更是整日过着卑微劳累的生活，甚至有被作为牺牲品的危险。所以，皇室的选秀并不是所有女子都自愿参加的，有的女子甚至想方设法逃避这一制度。据记载，明朝选秀之前，民间会出现一阵"婚嫁潮"。不想参选的女子往往会为了逃避选秀而匆匆嫁人，即使自己不是非常满意对方。

清代对选秀的管理非常严格，根据规定，若满足选秀条件的八旗女子因故不能参加选秀，则必须参加下一次的选秀。选秀制是一种巩固皇权的行为，是封建上层社会巩固地位的行为。

宫妃殉葬

殉葬是我国古代一项灭绝人性的制度,是等级社会中权力阶级对下层人民的残酷压迫行为。

Concubine's Martyrdom

Martyrdom is an inhuman system in ancient China. It is a cruel oppression of the power class to the lower-class people in the hierarchical society.

殉葬是古代的一种丧葬风俗,是指用器物、牲畜甚至是活人陪同死者葬入墓穴,以保证亡魂的冥福。殉葬的人大多是皇亲贵族的妻子、妃嫔、小妾或者女仆,也有少量地位低下的男仆。殉葬的风俗最早出现于殷商时期。家喻户晓的殉葬故事是关于秦始皇的。秦始皇去世后,秦二世胡亥下令,没有生过孩子的后宫嫔妃一律殉葬,最后为秦始皇殉葬的人不计其数。明代是后宫嫔妃殉葬的高潮时期。朱元璋的次子朱樉去世时,朱元璋命其 2 名嫔妃殉葬。给朱元璋殉葬的嫔妃有 40 名之多。殉葬的人通常是由有嗣位的皇帝和大臣决定。位份高或者有子嗣的嫔妃通常不会被要求殉葬,只有那些地位低下而又无子嗣、无依靠的嫔妃会被强迫殉葬。即将殉葬的嫔妃们,要么被赐白绫,要么是绝食,要么被下药,总之非常凄惨。殉葬的人通常被灌入水银,以保证死后肉身不腐烂。殉葬的嫔妃按照一定的顺序被装殓进棺木,埋入所殉的皇陵中。嗣皇帝还会为殉葬的嫔妃加封谥号,以示表彰。

清朝初期,殉葬还时有发生。刚开始殉葬的是妻子,后来由妾代替。努尔哈赤、皇太极、福临、多尔衮等去世时都有殉葬行为。清初期,殉葬的人员是皇帝生前选好的。殉葬人坐在炕上,由人用弓箭将其射死,后来又改为用绳子绞死。康熙时期,礼部给事中朱裴上疏,请求停止活人殉葬的制度,得到康熙的批准,这一残酷的陋习才结束了。

土葬和火葬

在中国历史中,土葬和火葬是主要的葬俗形式。明朝主要是土葬,清朝早期是火葬,后期是土葬。

Inhumation and Cremation

In Chinese history, earth burial and cremation are the main forms of burial custom. Earth burial was mainly used in the Ming dynasty; cremation was mainly used in the early Qing dynasty and earth burial was in the later Qing dynasty.

我国葬俗通常受到宗教、传统、地域、民族等因素的影响。天葬、水葬、土葬和火葬是历史上比较常见的方式,其中土葬的历史最为悠久。人死之后,身体入土,灵魂归天,历史上多数汉族人民一直有这样的信条。明朝的皇帝去世后都是实行土葬。开国皇帝朱元璋葬于南京,建文帝不知所踪,景泰帝朱祁钰被葬于北京西山的景泰陵,其他明朝的皇帝去世后都葬入了十三陵。北京十三陵建于 1409 年,面积约为 12 万平方米。明朝的 13 位皇帝、23 位皇后、2 位太子、30 多名嫔妃、2 个太监都葬在十三陵。2003 年,十三陵被认定为世界文化遗产,也是北京主要的旅游景点,可以与长城一起游览。

清朝沿用满族旧俗,实行的是火葬。火葬制度与满族早期游牧民族居无定所的社会生活息息相关。清代共有 3 位皇帝实行火葬:努尔哈赤、皇太极和福临。由于受汉族文化的影响越来越多,康熙去世时,雍正决定采取土葬的形式来为康熙举行葬礼。同时,雍正下诏,以后的皇帝一律采用土葬的方式。乾隆帝又规定,无论皇族还是平民,死后一概不许火葬,违抗者依照法律制裁。至此,火葬彻底被废除了。

宦官

宦官大约从夏商时代就出现了。宦官制度是等级社会摧残社会底层人民的残忍手段,是封建社会的毒瘤。宦官的地位非常低下,但是在历史上还是出现了宦官专权的现象。

Eunuch

Eunuchs have appeared since the Xia and Shang dynasties. Eunuch system is cruel means to destroy the people at the bottom of the society in the hierarchical society，and is the malignant tumour of the feudal societies. The status of eunuchs was very low，but in history，there still appeared the phenomenon of eunuchs' arbitrary power.

宦官制度并非中国首创，但是在中国封建社会却发展到根深蒂固的地步。中国封建社会实行的是一夫多妻制，也就是一个男子除了可以有一个妻子，若经济条件允许，还可以有若干个妾和很多婢。这样在一个庞大的家庭中，需要有一些专人来伺候这些主子们的生活起居。如果这个家族位高权重，那么男主人对自己的妻妾就要严格管理，不但要照顾到她们的饮食起居、关系位份等，更重要的是男主人一定要保证自己妻妾生养的孩子们血统纯正。久居大宅或者深宫的女人们，若由男性每时每刻侍奉，时间久了极易出现有违公序良俗之事。为了保证家中女人与家中男性仆人之间关系的纯洁性，就有必要采取一些措施，那就是将男仆变成不男不女的"中性"人。因为这些"中性"人要围绕在家族男主人的身边，便以天空中帝星以西的4颗"宦"星命名，称为宦官，也被称为阉人或者阉官。汉代时已经有了专门的宦官机构，权力很大。唐代改殿中省为中御府，并任命宦官充任太监。从此以后，官职名称便作为宦官的统称固定下来，凡失去生殖能力的"中性"人，全部被称作太监。

宦官们的身份非常尴尬，但是他们也是凭劳动吃饭。无论是在明代还是清代，宦官都是有品级的，按品级来领取俸禄，但是他们领取的俸禄却比同级官员领到的俸禄低很多，甚至只是官员的十分之一。明朝时期，一些宦官逐渐掌握了要职，凭借自己御前的特殊地位和身份，为自己谋得了万贯家财和极高的权势，比如明英宗时期的大太监王振。王振死后被抄家，查出金银60余库，玉盘百余，珊瑚高六七尺者20余株，数万马匹和万顷良田，等等。

到了清代，皇宫中服役的太监同样也要领取俸银。太监在宫廷中是身份比较特殊的人群，尤其是在宫中熬了很多年已经能够直接侍奉主子的太监，他们往往可以凭自己与主子的密切关系而得到更多的好处。主子遇到大喜事时，比如大婚、生育、晋升，主子的近身太监都会得到不小数目的赏赐。太监们得到赏赐的数目往往比自己的俸禄要高很多。如果能熬成各宫的首领太监,那得到的不只是金钱的赏赐,还可以得到在主子面前出谋划策的权力。太监的命运和主子的命运往往息息相关,一荣俱荣,一损俱损。

清代因为吸取了明代的教训,对宦官的管理更加严格,所以没有出现宦官专权的局面。直到清朝后期,尤其是慈禧专政的时期,太监的地位才有了很大的提升,也出现了一些势力很大的太监,比如安德海、李莲英、小德张。

明朝的开国皇帝朱元璋对宦官人群是非常警惕的,他曾提出宦官不可干政的禁令,并严格执行。朱元璋规定宦官不得接受教育,不得与外官通信,不准兼职外臣官衔,不准穿戴外臣官服,不准官职高于四品等。宦官不能识字,对当权者来说,这是非常重要的一条禁令,否则国家机密都不可逃于宦官的眼睛了。我们经常会在影视剧或者书籍中见到这样的场景,那就是御前总管太监与皇帝的"亲密无间"。御前总管太监几乎时刻陪伴在皇帝的身边,事无巨细,无一不知,无一不晓。皇帝的一切随身物品也都交由太监管理,那么也包括每天要批阅的奏折。但是到了明成祖朱棣的统治时期,宦官的地位有所提升。朱棣将宦官不可干政改为宦官不可擅自做主,使得宦官的权力范围有所扩大。朱棣曾派著名的三宝太监郑和七下西洋,作为大明王朝的外交使臣,为明朝的政治和外交事宜效力。此后,明朝还诞生了著名的特务机构——东厂和西厂,由宦官执掌,从事特务活动,直接服务于皇帝。此时的宦官已经掌握了很高的权力,职权的性质也发生了质的改变。明宣宗朱瞻基为了方便自己荒废朝政,直接命近身太监代替自己朱批奏折,昏庸地步令人发指,这也为后来的宦官专权埋下了隐患。

清代太监按照职能一般分为两类,一类专门侍奉皇帝、皇后、各宫嫔妃,另一类专门负责处理宫中各种事务。按等级大致可以分为总管太监、首领太监、御前太监、殿上太监和一般太监。侍奉在皇帝、皇后、太后身边的是总管太监和首领太监,在妃嫔身边的是首领太监。

能伺候在皇帝身边的太监通常都是级别很高的太监。每晚 7 点半左右,内宫值夜班的太监就会被召集起来,由总管太监点名分配任务,没有值班任务的太监就可以出宫回家休息了。每晚在内宫值班的太监有六七名,他们分工明确,各司其职。晚上 9 点整,皇帝寝宫正殿的一扇门会关上,另一扇门供太监取东西、打水等。皇帝睡下后,身边值夜的太监就在皇帝的寝宫地上守着,叫作"作更"。皇帝的寝宫一般有 5 间:西间、西稍间、中堂、东稍间、东间,其中西间为皇帝的寝宫。值夜班的人一般是在正殿门口有两人,夏天在竹帘外,冬天在棉帘内。这两个人严格把守,不准外人进入。西稍间门外一人,负责寝宫里明三间的一切,主要是注意皇帝寝宫内的动静,给寝内的值夜人当副手。寝室外一人,负责西稍间和南面的一排窗子。寝室内一人,被称为"侍寝",这是所有值夜人中最重要的一个,是皇帝最亲近的侍从,也就是总管太监。

总管太监的任务最重,是所有太监中最辛苦的。其他太监都可以坐在垫子上休息一下,甚至可以打个盹儿。但是因为皇帝的寝宫中不能为太监准备垫子,所以总管太监只能坐在离皇帝大约 2 尺远的地方,时刻观察皇帝睡觉的情况:皇帝什么时辰入眠的,呼吸情况如何,一夜翻过几次身,起夜几次,喝过几次水,早晨几点起床等。总管太监要将这一切的信息报告给内务府和太医院留档。总管太监在值夜前要洗澡,不能将不好的气味带进皇帝的寝宫,不能喘粗气,不能使用皇帝寝殿内的桌椅,不能在正配殿解溲,但是可以闭目养神。值夜太监的责任特别重大,除了皇帝的安全,还要时刻警醒皇帝夜里的要求。如果皇帝有什么要求,太监要马上为皇帝服务,不能有丝毫耽搁。万一太监们在值夜任务中出现一点疏漏,惩罚也是非常重的。

宫女

一入宫门深似海。古代女子进宫,往往就是悲惨命运的开始,她们一辈子为奴,侍奉主子,最后老死宫中,只有极少数的宫女能够得到善终。

Maid in Imperial Palaces

As soon as they entered the palace gate, maids in imperial palaces would live a tragic life from then on. In ancient times, when women entered the palace, their tragic fate began. They spent their whole life as slaves, serving their masters, and finally died in the palace of old age. Only a few of them could get good endings in the palace.

与清代相比,明代宫女的命运更加悲惨。明朝宫女一旦入宫,就不许再出去,只能老死宫中。宫女犯错处罚非常严苛,一旦患病也得不到医治。万一遇到皇帝驾崩,宫女经常会用来陪葬,简直惨绝人寰。相传每到选拔宫女的时候,民间都会掀起一阵嫁女之风,以避免自己家的女儿被选入宫。但是每年还是有不少人将家中的女儿送入宫,有的是因为贫穷养不起,也有野心勃勃之人,希望通过入宫为女儿挣个好前程。为了防止宫女出宫泄露宫中秘密,明朝的宫女只进不出,所以宫女越来越多,最多时达到9 000多人。因为宫女太多,宫里的负担也很重,经常会出现宫女饿死的现象。

到了清代,宫女的待遇有了明显的改善。清代宫女可以接受教育。宫女的数量也有严格的限制。宫女在25岁时可以自己选择是否出宫,如果不想出宫,到35岁时又有一个出宫的机会。出宫的宫女可以嫁人,也可以自己谋生。

宦官和宫女在紫禁城中的地位都非常低,但是相比于宦官,宫女们的境遇更加悲惨。宦官可以有品级加封,宫女却没有。在紫禁城中,宦官欺负宫女的现象时有发生。这样的现象在明代极其普遍,直到清代才有了好转。

沈阳故宫博物院

清朝迁都北京后,前宫殿被称作"陪都宫殿""留都宫殿",后来就称之为沈阳故宫。沈阳故宫共经历努尔哈赤、皇太极、乾隆三个建造时期,历时158年。入关以后,康熙、乾隆、嘉庆、道光诸帝,相继10次"东巡"时将沈阳故宫作为驻跸所在。

Shenyang Palace Museum

After the Qing dynasty moved its capital to Beijing, the Palace in Shenyang was called "Peidu Palace" and "Liudu Palace". Later, it was called Shenyang Imperial Palace. It has experienced three construction periods of Nurhachi, Huang Taiji and the Emperor Qianlong, which lasted for 158 years. After entering Shanhai Pass, the Emperors Kangxi, Qianlong, Jiaqing and Daoguang used it as the residence for their "East Tours" for 10 times.

沈阳故宫博物院,位于辽宁省沈阳市旧城中心,原是清代初期营建和使用的皇家宫苑,始建于1625年。沈阳故宫占地面积6万多平方米,有古建筑90多所,300多间,至今保存完好。

沈阳故宫远没有北京故宫名气大,历史时长、建筑面积等都是无法与北京故宫相比拟的,但是沈阳故宫里面收藏的宝贝个个都是珍品。首先是努尔哈赤的宝剑,那是一把努尔哈赤用来开辟了一个时代的宝剑,意义重大。皇太极的腰刀也是沈阳故宫的"镇店之宝"。还有一把皇太极御用的鹿角椅,椅子上的鹿角是皇太极自己捕获的鹿的角,可见一代君王的英雄气概。这把鹿角椅成了皇太极子孙后代制作鹿角椅的范本。乾隆御笔"紫气东来"匾悬挂于沈阳故宫最高建筑凤凰楼的正门之上,乾隆帝引用老子的典故,寓意美好和祥瑞。另外,王翚等人绘制的《设色康熙南巡图卷》、郎世宁的《设色竹荫西狑图轴》、雍正款青花红龙大盘等,都是价值连城的宝物,是到沈阳故宫旅游必看之物。

台北故宫博物院

北京故宫看建筑,台北故宫看文物,这是博物馆爱好者总结出来的旅游攻略。其实和北京故宫博物院相比,台北故宫博物院的文物无论是数量上还是品质上都不占优势。

Taibei Palace Museum

To appreciate the architecture, go to Beijing Palace Museum; to appreciate the cultural relics, go to Taibei Palace Museum. This is a travel strategy summarized by museum lovers. In fact, compared with Beijing Palace Museum, the cultural relics of Taibei Palace Museum are not dominant in both quantity and quality.

台北故宫博物院总占地面积 16 万平方米,于 1965 年开馆,并进行了多次扩建修缮。

抗日战争前夕,北京故宫博物院为了避免珍贵文物遭受厄运,曾选择重要文物南迁。但在人民解放战争即将胜利之时,南迁的文物并没有转运至北京,国民党政府命令故宫博物院挑选一部分贵重文物以军舰转运至台湾。1948年11月,淮海战役结束后,蒋介石深感时局对自己不利,开始为自己的后路筹谋。蒋介石选择了台湾,并开始精心谋划经营,将大批黄金、机器设备、布匹,甚至工厂等向台湾转移。同时他下令将战时藏在南京国立中央博物院(今南京博物院)的原故宫博物院南迁的国宝文物及国立中央图书馆、中央研究院的藏品运往台湾。三批故宫文物分别于1948年12月27日、1949年1月9日、1949年2月22日运达台湾。这些文物主要包括当时故宫博物院的1 972箱、中央博物院的852箱书画、瓷器、玉器,以及5 000多箱中央图书馆、北平图书馆的善本图书和外交部条约档案等。

　　文物运至台湾后,先存放于台中市,建一小型陈列室,公开展示所藏文物。但因库房与陈列室都较小,前来参观者人数也不多,于是又选择台北市士林区建馆。台北故宫博物院的建筑设计采用了中国传统宫殿建筑形式,淡蓝色的玻璃、米黄色的墙壁,白色大理石栏杆环绕在青石基台之上,庄重大方,清丽典雅。新馆为纪念孙中山先生百岁诞辰,曾命名为中山博物院。其中的文物主要为书画、铜器、瓷器、玉器等,初为23万件,连同档案30余万件及捐赠、收购1万余件,目前共有60万件。在台北故宫博物院的收藏中,有甲骨文2万多片,馆藏甲骨文数量列世界甲骨收藏机构第二位。馆藏瓷器则包括从原始陶器到明清瓷器不同阶段的代表作品,堪称一部形象的中国古代陶瓷器发展史。铜器有龙纹盘、毛公鼎、牺尊等商周时期的国家重器。其中毛工鼎是现存铜器中铭文字数最多、内容相当丰富的西周铜器。馆藏玉器包括从新石器时代的玉璧、玉圭、玉璜到闻名海内外的清代玉雕翠玉白菜等。馆藏书画有从唐代到清朝历代名家的代表作,如王羲之《快雪时晴帖》、孙过庭《书谱》、颜真卿《祭侄文稿》、怀素《自叙帖》、范宽《溪山行旅图》、苏东坡《黄州寒食诗帖》、黄公望《富春山居图》后部长卷。馆藏善本古籍近2万册,包括中国最完整的《四库全书》一部。明清档案文献包括清朝历代皇帝所批奏折、军机处档案、清史馆档、实录、起居注、满文老档等,有些已成孤品,这些均是研究明清历史不可或缺的珍贵资料。

故宫藏品

　　故宫博物院院藏文物体系完备、涵盖古今、品质精良、品类丰富。现有藏品总量达180余万件(套),以明清宫廷文物类藏品、古建类藏品、图书类藏品为主。藏品总分25种大类别,其中一级藏品8 000余件(套),堪称艺术的宝库。

Collections in the Palace Museum

The system of cultural relics in the Palace Museum is complete, covering ancient and modern times, with excellent quality and rich categories. The total number of existing collections has reached more than 1.8 million pieces (sets), mainly including palace cultural relics, ancient architecture and books in the Ming and Qing dynasties. There are 25 major categories in the total collection, including more than 8,000 pieces (sets) of the first-class collections, so the Palace Museum can be called a treasure house of art.

《步辇图》

《步辇图》是一幅历史图,也是一幅彩绢画,长 129 厘米,宽 38.5 厘米,是唐朝画家阎立本的作品,是中国十大传世名画之一,现藏于故宫博物院。吐蕃(今西藏)发展繁盛,赞普松赞干布向唐太宗李世民提出和亲的请求。唐太宗答应将宗亲女文成公主送去和亲。641 年春天,松赞干布派相国禄东赞去长安迎娶文成公主。《步辇图》正是记录下了禄东赞和唐太宗见面的这一历史真实场景。作为唐太宗时期的宰相,阎立本是有资格和可能见证这一场景的,所以他用画笔还原了这个情形。

《步辇图》的构图错落富有变化。图右侧为唐太宗和 9 名宫女。唐太宗坐在宫女抬的步辇上,面目俊朗、目光深邃、神情庄重,充分展露出盛唐一代明君的风范与威仪。宫女有的手抬步辇,有的手撑掌扇,有的手撑华盖。后人认为宫女的身形被作者有意微缩,以彰显唐太宗的魁伟身材和威严气场。图左侧有 3 个人,离唐太宗最近的穿红色衣服者为引见官,中间者为禄东赞,后人推测最左边的人是翻译官。画中唐太宗身着黄色衣服,彰显了皇权的尊贵。全身红色的引见官和宫女身上的红色配色,都显示了喜庆的气氛。文成公主将唐朝的书籍和工匠带去了吐蕃,促进了吐蕃经济和文化的发展。《步辇图》是见证汉藏友谊的珍贵画作。

《清明上河图》

《清明上河图》是中国十大传世名画之一,为北宋风俗画,是北宋画家张择端仅见的存世精品,属国宝级文物,现藏于北京故宫博物院。

《清明上河图》宽 24.8 厘米,长 528.7 厘米,绢本设色。作品以长卷形式,采用散点透视构图法,生动记录了中国 12 世纪北宋都城东京(又称汴京,今河南开封)的城市面貌和当时社会各阶层人民的生活状况,是北宋时期都城东京繁荣的见证,也是北宋城市经济情况的写照。

整幅画卷分为 3 段。首段主要刻画了低矮的茅屋和各色行人。中段以"上土桥"为中心。一座大桥横跨河面,是水陆交通的交汇处。桥上是熙熙攘攘的行人,每个人都各具特色。桥下一艘船正要穿过桥洞,船上的人都在紧张地操作桅杆。后段是一片繁华的城市街景。街上商店林立,店前还挂有装饰。小店的前面有敞篷,也是热闹非凡。街中行人摩肩接踵,行人们的职业更是五花八门,医生、商人、僧人、小吏、纤夫等,行人中有男人、女人,还有孩童。街上还有各种牲口和各种交通工具。《清明上河图》是当时社会的一个缩影,更是当时社会的人间百态图。它真实地反映了当时的社会和人民的生活,非常具有收藏价值和学术价值。

《平复帖》

陆机(261—303),字士衡,三国吴郡吴县人,三国时期吴国丞相陆逊之孙,大司马陆抗之子。晋灭吴时,陆机 20 岁。晋代是中国古代书法的鼎盛时期。1 700 年前,陆机用秃笔在麻纸上书《平复帖》,成为我国书法史上第一件流传有序的法帖墨迹,现存于故宫博物院,是镇院之宝。《平复帖》是陆机写给好友贺循的一份信札,也是一封问候信。全信共 84 个字,由草隶写成。贺循一直体弱多病,陆机在问候信中说他能维持现状已经可喜可贺,又有儿子的照顾,真的是无后顾之忧了。可见《平复帖》只是陆机随手所书,却笔意婉转,风格质朴自然。因信中的"恐难平复"而命名为《平复帖》。今天看《平复帖》如读天书,很难释义,至今关于其释义有好几个版本。《平复帖》不仅是陆机真迹,还是绝世孤品。《平复帖》见证了汉字的流变,对研究我国汉字和书法具有重要的价值。

《梅鹊图》

南宋沈子蕃的缂丝作品《梅鹊图》,轴长 104 厘米,宽 36 厘米,是故宫博物院的镇院之宝之一。首先《梅鹊图》的构思非常巧妙:苍劲的梅枝上落了两只鹊,它们一只将嘴巴埋于羽毛中,做闭目养神模样;另一只则扭头看向远方,似有期盼之意。两只鹊的位置虽有重叠,却通过互补的方式将鹊的全身都展示了出来。再说梅花,数量虽然不是很多,却朵朵怒放,疏密有致。苍劲的梅枝中伸进几片竹叶,足以说明梅园的郁郁葱葱。这幅图展示了早春的意境,动中有静,静中有动;画中有鸟,鸟亦衬花,非常和谐。在中国,喜鹊登梅是能预示祥瑞的好兆头。喜鹊和梅花都具有春天和生机的寓意,二者通常同时出现来表现吉祥和美好的寓意。

《梅鹊图》真正的价值所在是它是一幅缂丝作品。缂丝也叫刻丝,是从汉魏开始的一种织造技术。缂丝织造的精华是"通经断纬"。简单说来,缂丝是在排好的经线上进行织造,依据图案中不同的颜色选择纬线,每次换颜色,就将之前编织的纬线剪短,另换一根。经线是事先排好的,而纬线是按照图案所需不停调换和裁剪,并不通幅使用,所以是"通经断纬"。这种织法特别耗时耗力,一位熟练的绣工,每天的织造进度只能有两三厘米。即使一把缂丝团扇,也要织工数月的辛劳才能完成。若是做一件缂丝衣服,需要一整年的付出。缂丝技术也不是容易掌握的,必须经过大量的练习,领悟其中的要领和内涵,才能熟能生巧。"一寸缂丝一寸金"是对缂丝作品最好的诠释。古代缂丝作品主要用于皇家贵族,普通百姓是没有可能使用的。

《梅鹊图》还有一个珍贵的地方,就是它上面的方印。图下有作者"子蕃制"和"沈氏"的方印,另外还有果亲工府印章、乾隆御笔题宁、三希堂印、嘉庆印等,可见这件作品是清朝皇家的宝物、收藏中的尚品。

朱启钤在中国顶级刺绣——缂丝的收藏方面,堪称第一人。几乎每位收藏家都有一个主项,朱启钤的收藏主项就是缂丝。民国初年,朱启钤从恭亲王奕訢后人手中购得一批从宋代到清代的缂丝和刺绣珍品,大约280件。这些缂丝多是皇帝御赐,异常名贵。朱启钤在经济困难时期,不得已要卖掉这些缂丝珍品。当时的日本商人大昌喜八郎出高价购买,但是朱启钤宁死不将国宝卖给外国人。最后朱启钤将这批缂丝作品卖给了和他有姻亲关系的张学良。出手前朱启钤反复叮嘱张学良不要让这批珍品流失海外,尤其是日本。张学良不敢大意,随后就将这批宝物放在他的东北边业银行金库中悉心保存。"九·一八事变"后,这批缂丝流落到伪满洲"首都"新京(今长春)"中央银行",寄存于伪满洲"国立博物馆"。解放战争时期,这些无价之宝从长春完整无损地空运到北京,暂存于故宫博物院。1949年后,这批缂丝刺绣珍品重返关东大地,保存于东北博物馆(今辽宁省博物馆)内。

《韩熙载夜宴图》

《韩熙载夜宴图》由五代十国时南唐画家顾闳中所作,是中国十大传世名画之一。它描绘了官员韩熙载家设夜宴、载歌行乐的场面。顾闳中,江南人,擅长画人物,尤其擅长刻画人物的神情意态。整幅画如连环画一般,分为5个部分:听乐、观舞、歇息、清吹和散宴。5个部分由屏风隔开,既独立成画,又浑然一体。

这幅画描述了南唐时期贵族们奢靡欢乐的生活场景,这幅画背后的故事更是令人深思。南唐后主李煜,就是那位写下千古名句"问君能有几多愁,恰似一江春水向东流"的李煜,在政治上却昏庸无能。他一方面以重金安抚远方的敌人,一方面又对身边的重臣满腹狐疑。相传李煜为了探听韩熙载的虚实,看他是否有谋逆之心,故派心腹顾闳中趁韩熙载宴会时去一探究竟。顾闳中通过自己敏锐的观察力和超强的记忆力,在宴会后完成了这幅名画。也有传,韩熙载在宴会上已经明了了李煜的用意,但将计就计,故意摆出一副公子哥的做派迷惑来宾。关于这幅画背后的故事还有另一个版本,那就是李煜为了提醒韩熙载早日从醉生梦死的生活中清醒过来而作。

今天我们生活在和平的新时代,再通过这幅画回望过去,是否也感慨万千呢?历史的画卷带给我们的是美的感受、艺术的震撼,更能警醒我们每个人努力活出生命的意义。

何朝宗达摩渡海像

何朝宗(1522—1600),又名何来,明代瓷塑家,作品以达摩、观音、罗汉等佛教人物居多。

何朝宗的瓷塑大都取材于道释人物,如释迦牟尼、观音、弥勒、达摩、罗汉。藏于故宫博物院的何朝宗印款达摩渡海像,便是一件传世绝佳之作。

达摩全名菩提达摩(Bodhidharma),南天竺(印度)人。520年经海路到广州,应邀赴建业(南京)与梁武帝面谈,话不投机,遂渡江去北魏洛阳。后住于嵩山少林寺,在少室山石洞中面壁跌坐9年。其间得弟子慧可,传法谒曰:"吾本来兹土,传法救迷情,一华开五叶,结果自然成。"并授之四卷《楞枷经》。慧可师承心法,使佛教的这一宗派禅宗广为流传,故禅宗又称"达摩宗",达摩于528年10月5日圆寂,葬于熊耳山。

何朝宗所做的达摩瓷塑,身形伟岸,眼神深邃,意志坚定,神态中透露着所有修行得道之人的笃定和智慧,双手交叉于胸前,面朝大海,衣纹起伏、飘逸,赤足立于波涛之上。这一情形不免让人想到超度和济世的寓意。

何朝宗是德化著名瓷塑家,传说他一生中仅做了40余件瓷塑,都是精心之作。何朝宗对自己的作品非常谨慎,不够精的作品绝不进行烧制。这件作品的成功也得益于当时的烧制技艺。首先,德化窑瓷土中氧化硅的含量很高,遇到高温就会呈现出玻璃品相,胎体细密,透光度好。其次,从釉色上看,德化窑使用的氧化铁含量低,氧化钾含量高,这就克服了白瓷纯净度不够的缺憾,使其釉面更加纯净,光照之下尤为透亮。这件瓷塑作品呈现象牙白色相,象牙白是明代德化窑产品的主要特点,何朝宗又名何来,因此德化窑象牙白有"何来色"之别称。

青玉云龙纹炉

青玉云龙纹炉为故宫玉器的代表作品,宋代出品,高7.9厘米,口径12.8厘米;体圆形,侈口,无颈,垂腹,圈足外撇,两侧对称饰兽首吞耳;通体以工字纹为底,上饰游龙、祥云和海水纹。炉的正中高浮雕一个劈波斩浪、腾云驾雾的游龙,活灵活现,非凡而有气势。器内底阴刻乾隆七言诗一首:"何年庙器赞天经,刻作飞龙殿四灵。毛伯邢侯异周制,祖丁父癸似商形。依然韫匵阅桑海,所惜从薪遇丙叮。土气羊脂胥变幻,只余云水淡拖青。"最后落款"乾隆戊戌孟秋御题"。

宋代青玉云龙纹炉是一件仿古玉器,玉料也不是黄色,仿制古玉的技术难度很大。经长期埋藏的古玉会出现沁斑等特殊的现象,玉匠在选材时就必须把握住这个特点,往往要选用那些苍黄、杂色、葱色或有边皮的类似出土玉器的玉材。若没有合适的材料,必须用染色等特殊的技法制出古玉上特有的沁色。宋代青玉云龙纹炉以青铜簋作为制作蓝本,但在器型和纹饰上略加变化,在器型和纹饰上多有增损变化,以阴刻双勾线工字形纹饰炉体,构成锦地纹饰效果,装饰采用高浮雕手法,玉龙飞舞,喷云吐雾,周围尽施浅雕如意祥云和工形几何底纹,精雕细琢。

宋代青玉云龙纹炉的出土反映出宋代文玩鉴赏成为时尚。宋代社会由于金石学的兴起,古物文玩收藏成为时尚,对三代青铜器的研究也颇有成果,于是宋代玉器的形制中便多出一个类别,即仿古青铜器玉器,简称"仿古玉器",这件玉炉就是仿古玉器的代表作。以古代玉器为蓝本进行模仿,是一个历史阶段模拟另一个历史阶段的产物,无论是雕琢工艺还是艺术风格都不可能完全相同,其本质是以间接的方式反映本时代的特征,时代的烙印根深蒂固,只代表本时代的琢玉水平。再者,仿制古玉的技术难度很大。为了模仿古玉伤痕,古代玉匠们还发明了以砣碾钻凿、细砂磨划和敲击等多种致残方法,这些染色、致残的方法大大丰富了中国玉器制作的工艺。

掐丝珐琅缠枝莲纹象耳炉

掐丝珐琅缠枝莲纹象耳炉,通高 13.9 厘米,口径 16 厘米,足径 13.5 厘米,清宫旧藏。现存于故宫博物院。

这个香炉采用铜胎,圆形,鼓腹,象首卷鼻耳,圈足。香炉颈部均匀分布有12 朵菊花,颜色分别是红、黄、白和紫色,菊花形态美观典雅。香炉腹部是 6 朵缠枝莲,颜色分别是红、白和黄色。缠枝莲是中国人非常喜爱的装饰图案,常见于瓷器和丝织品上。缠枝莲又名万寿藤,因其结构缠绕连绵,所以有生生不息之寓意。6 朵缠枝莲全部采用掐丝技术,做工繁复而精深。通体富有光泽,大气而又不失雅致。这样较小的香炉一般是贵妇在室内所使用的,也可能是贵妇把玩的器物。两侧的象耳通体金色,极富贵气。

这个香炉的主体是元代的作品,但是据专家考验,象耳、象足和圈足是明朝加上的部分。横跨两个朝代的香炉非常具有文物价值,它可以用来考证元明两个朝代的技艺,也可以纵览元明两个朝代的不同和革新。

乾隆款金瓯永固杯

乾隆年间,造金瓯杯四件。1739 年一件,1740 年两件,1797 年一件。现在藏于故宫博物院一件,台北故宫博物院一件,英国伦敦华莱士收藏馆两件。金瓯杯造型别致,通体珠宝,光灿晶莹,所以取名"金瓯永固"。金瓯永固杯为镶嵌珠宝的金质三足爵杯,高 12.5 厘米,口径 8 厘米,足高 5 厘米。杯子以立夔龙为耳,夔龙的头上各安一颗珍珠。《山海经》中描述夔龙为一种独脚龙,状如牛,声音宏大。夔龙是一种瑞兽,多见于器物上的纹饰。三只象头直立,象鼻做杯子的足,金丝象牙围抱足两边。杯身錾宝相花。宝相花又称宝仙花、宝莲花,是传统吉祥纹样之一。杯身上的宝相花均以宝石做花心。杯前正中镌篆文"金瓯永固",后面镌"乾隆年制"款式。金瓯永固杯整体呈"鼎"型,象征社稷江山,寓意基业稳固;正放为国宝金樽,倒放如皇冠,象征皇家尊贵;左右两耳是奔腾的夔龙,寓意乾坤在握,基业蒸蒸日上;刻回形纹,象征基业永续、好运连连、富贵永恒。

乾隆对"江山永固"是有执念的。四只金瓯永固杯分别造于乾隆的青年、壮年和老年时期,而且越造越奢华昂贵,代表了乾隆的祈愿和决心。金瓯永固杯造成之后,乾隆非常满意,龙颜大悦,遂对所有参与制作的能工巧匠进行了封赏,将铸杯大师封为了"九品工匠",以表彰他卓绝的技术,后来"九品工匠"慢慢地演变成了顶级工艺大师的代名词。

明代铜佛像

我国佛教的传入可以追溯到汉代。经过历代工匠的努力学习和融合,形成了更具特色的中国佛教艺术。随着佛教在我国的传播,佛像也得到了不断的发展和演化。佛像主要有金铜像、石雕石刻像、木质像。到了明清时代,金铜像无论是数量上还是质量上都得到了明显的发展。

明代的金铜像尤以永乐和宣德两个时期最为繁盛。明朝之前的佛像一般体形较小,不会超过20厘米。但是发展到了明朝,体形就变得比较大。永乐、宣德款铜造像是明朝专门为藏地高僧制造的一种佛教造像,因为造像上面刻有"大明永乐年施""大明宣德年施"而得名。这些铜造像,普遍的特点是面容祥和安静,面含微笑,前额较宽,脸呈"国"字形,眼睑下垂,双耳肥厚垂肩。佛像一般坐于莲花莲座之上,莲座上层和下层各有一周镶嵌整齐的连珠纹饰。永乐、宣德款铜造像一般是皇帝用来赐予西藏高僧之物,所以都用最好的铜材、最好的工匠和最先进的铸造技术,这些都是其他铜造像难以企及的。

明代宦官比较多,而且很多宦官都掌握大量的财富或者权力。宦官由于不能有自己的子嗣和家庭,所以他们往往都非常担忧自己的身后事。皈依佛法、与佛教高僧谈论佛教的修行之道,往往是宦官们热衷的事情。宦官们常常能在佛法中找到安慰和寄托,从而对生活充满希望。普通百姓也往往会通过佛教的引导进行一些礼仪事宜。其实从朱元璋开始,明代的皇帝并不十分支持佛教的发展,因为他们害怕佛教的发展会削弱皇权的统治。但是,皇帝也需要与佛教人士进行交流,得到佛教的庇护指引或者笼络佛教上层人物的支持,所以佛教在明代有了从上至下的发展支持。金铜佛像是回赐入贡藏僧首领的贵重礼品,工匠把藏传佛教与汉传佛教的造像元素精心整合,使金铜佛像成为汉藏佛教信众都能认同的造像艺术。

唐三彩马

唐三彩在唐朝时期非常有名气,现在也是国家级非物质文化遗产之一。唐三彩分为四大类,分别是人物、马匹、骆驼、器皿。唐代马匹不仅被广泛用于战争、交通、驿传等,还大量出现在宫廷贵族的社交与娱乐活动中,如骑马、狩猎、马球,成为身份与地位的象征,所以唐三彩马就成了唐三彩中数量最多且最具代表性的了。

唐三彩马形体硕大、构造复杂。从马的造型看,大致可以分为五类:奔马俑、提腿马俑、马上人俑、马拉车俑和立马俑。立马俑是唐三彩中最常见的品种。

从目前的考古来看,唐三彩马应该是出现在唐高宗时期,因为在高宗之前没有发现唐三彩马。唐三彩马的釉彩有黄、绿、白、褐、蓝、黑等色,而以黄、绿、白三色为主,所以人们习惯称之为"唐三彩"。唐三彩马无法使用普通手工拉坯法来完成,所以多用模制法成型。虽然是用模制成的,却几乎找不到两个一模一样的唐三彩马。

唐三彩马主要是达官贵人用来做陪葬品的。达官贵人希望死后仍能享有荣华富贵,所以他们的陪葬品无论是数量还是品种都非常讲究,有的唐三彩马能达到一米的高度。唐朝鼎盛时期,达官贵人的陪葬品日渐丰厚,这也促进了唐三彩马的大力发展。

故宫建筑

午门

午门是故宫正门,居中向阳,位当子午,故名午门。午门位于紫禁城南北中轴线上,通高 37.95 米。午门城门呈"凹"字形(内凹式设计,加大了防御纵深,方便守军从两侧墙体上攻击来犯的敌人,具有军事价值),午门东西北三面城台相连,环抱一个方形广场。东西城台从门楼两侧向南排开,形如雁翅,也称雁翅楼。威严的午门,宛如三峦环抱,五峰突起,故俗称五凤楼。午门的门洞从正面看有 3 个,从背面看有 5 个,因此有着三明五暗之称,背面多出来的 2 个小门叫掖门。

Meridian Gate

Meridian Gate is the main entrance of the Palace Museum. Located in the middle, facing the sun, and being at the Meridian, so the gate is named as the Meridian Gate. Located on the south-north axis of the Forbidden City, it is 37.95 meters high. The gate has a "concave" shape (concave-shaped design increases the depth of defense, is convenient for defenders to attack the enemy from both sides of the wall, has military value). The Meridian Gate is connected to the city platform from east to west and north, and surrounds a square square. The platform extends southward from both sides of the gatehouse, like two wild goose wings, also known as Wild Goose Wing Building. The majestic Meridian Gate is like three hills surrounded by five peaks, so it is commonly known as the Five Phoenix Tower. Meridian gate has three square doors viewed from the front, five round doors viewed from the back, so is called "Three Brightness Five Darkness". The two smaller doors on the back are called Side Doors.

"推出午门斩首"一说,只是影视剧中的杜撰。杀人这样的血腥之事不可能发生在午门这样的重地。午门是紫禁城的正门,是禁地,进出午门者只有下面几类人。午门的中门等级最高,是皇帝进出皇宫的大门。文武百官按"文东武西"通过东西偏门上朝。参加殿试的进士,按照自己的名次"单左双右"通过左右掖门进入皇宫参加考试。殿试后数日的传胪(唱名)典礼结束后,状元、榜眼、探花随榜亭由午门正中而出。还有就是皇后大婚入宫时要从午门中门进入皇宫。平日,午门中门非御跸不启。

明代皇帝处罚大臣的"廷杖"也在午门举行。明代时,如果大臣触犯了皇家的尊严,便以"逆鳞"之罪,被绑出午门前御道东侧被杖打,名叫"廷杖"。廷杖是用一种碗口粗的毛竹制成,为了加大杀伤力,在里面灌上水银,几杖下去就能皮开肉绽,被打的人不死也要终身残疾。

1519年,嘉靖帝朱厚熜要到江南选美女,群臣上谏劝阻,皇帝发怒廷杖大臣。大臣舒芬、黄巩等受廷杖者130人,有11人被当场打死。

朱厚熜继承皇位后,欲追封生父兴献王为帝,遭到大臣们的抵制。群臣100多人哭谏于左侧门,皇帝下令施行廷杖惩罚,当场毙命17人,所以民间有"推出午门斩首"之言流传。其实明清皇宫门前极为森严,犯人斩首绝非此地,而是必须押往柴市(今西市)或菜市等刑场处决的,以便杀一儆百,维护其统治。

金水河

金水河,俗称筒子河或护城河,分为内金水河和外金水河。流经故宫内太和门前的是内金水河,流经天安门前的为外金水河。古时的人们把金、木、水、火、土五行和五个方位结合起来,金代表西方。金水河源出于京西宛平县玉泉山,所以名字中有"金"字。金水河的作用是风水、灭火和排泄积水。

Golden-water River

The Golden-water River, commonly known as the Tongzihe River or City Moat, is divided into the Inner Golden-water River and Outer Golden-water River. The river flowing through the front of the Gate of Supreme Harmony is the Inner Golden-water River, and the river flowing through the front part of Tian'anmen Gate is the Outer Golden-water River. In ancient times, people combined the five elements of gold, wood, water, fire and earth with the five directions, and gold represented the west. The source of the Golden-water River comes from Mountain

Yuquan in the county of Wanping in the west of Beijing, so there is the word "gold" in its name. The function of the Golden-water River is Fengshui, fire suppression and drainage of water.

金水桥

金水桥分外金水桥和内金水桥。内金水桥位于内金水河上,系五座并列单孔拱券式汉白玉石桥。横亘在天安门前外金水河上的三孔拱券式汉白玉石桥为外金水桥,重建于 1690 年。金水桥的蓝本出自南京故宫的内五龙桥。

Golden-water Bridge

Golden-water Bridge is divided into Outer Golden-water Bridge and Inner Golden-water Bridge. The Inner Golden-water Bridge, located on the Inner Golden-water River, is a series of five parallel single-hole arch marble bridges. The three-hole arched whitemarble bridge across the Outer Golden-water River in front of Tian'anmen Gate is the Outer Golden-water Bridge, which was rebuilt in 1690. The blueprint of the Golden-water Bridge comes from the Inner Five-dragon Bridge in the Imperial Palace in Nanjing.

断虹桥

断虹桥位于太和门外、武英殿之东,单拱石桥,横跨于内金水河之上。桥南北向,长 18.7 米,最宽处达 9.2 米。桥面铺砌汉白玉巨石,两侧石栏板雕龙纹,望柱之上坐石狮。此桥之精美乃紫禁城内诸桥之冠。

Broken Rainbow Bridge

Broken Rainbow Bridge is located outside of the Gate of Supreme Harmony, and the east of the Hall of Martial Valor. It is a single arch stone bridge, and across the Inner Golden-water River. It is a south and north bridge. It is 18.7 meters long and 9.2 meters wide at its widest point. The bridge deck is paved with white marble

boulders，and the boulder fence panels on the both sides of the bridge are carved with dragon patterns，and there are stone lions sitting on the pillars. This bridge is the most exquisite of all bridges in the Forbidden City.

这座桥上共有 34 只小狮子,造型各异。东侧南数第 4 只造型更是让人过目不忘:小狮子一只爪子摸着后脑勺,另一只爪子捂着裆部。相传当年道光帝有一次曾经路过断虹桥,看见此狮神态,不禁想起不久前自己曾将长子奕纬踹死,不由得心生悔意。

这座桥的狮子位于柱子上,而象征皇帝的龙则雕刻于比柱子矮的栏板上。狮子比龙的位置高,这在清朝是绝不会出现的。再加上狮子造型朴实无华,因此后人大多推测断虹桥是明初的建筑或者是元朝遗留下来的建筑。

十八槐

故宫太和门外、断虹桥北的一片种植于明代的 18 棵古槐,今天尚活着的只有17棵,或者说是17棵半。因为其中一棵早已枯死,却在根部萌生了一棵小苗,此即半棵之由来。

Eighteen Pagoda Trees

The eighteen ancient Pagoda trees were planted outside the Gate of Supreme Harmony and the north of the Broken Rainbow Bridge in the Ming dynasty，and only seventeen，or seventeen and a half，are still alive today. One of them had died long before，but a little seedling had sprung up at its root，and that is why there is a half tree.

槐树象征公卿大夫,明代皇帝希望自己身边贤臣辈出,帮助自己治理江山,于是在武英殿旁、断虹桥北种下象征十八学士的 18 棵槐树。故宫武英殿在明初是帝王斋居、召见大臣之所,而且武英殿靠近西华门,王公大臣出入皇宫要走西华门,所以都要经过这里。一片郁郁葱葱的树林,必将为行人带来赏心悦目的感受。

武英殿

武英殿始建于明朝永乐年间，位于外朝熙和门以西。正殿武英殿为南向，面阔5间，进深3间，黄琉璃瓦歇山顶。武英殿既是一座大殿的名字，也是它所在区域的建筑群的总称。武英殿与位于外朝之东的文华殿相对应，即一武一文。

Hall of Martial Valor

Hall of Martial Valor was built in the Yongle period of the Ming dynasty, and located in the west of the Xihe Gate in the outer court. The main hall of the Hall of Martial Valor faces the south, and it is 5 bays wide and 3 bays deep with yellow glazed tile hip-and-gable roof. The Hall of Martial Valor is not only the name of a main hall, but also the general name of the buildings in its area. The Hall of Martial Valor corresponds to the Hall of Literary Brilliance, which is located in the east of the outer court, that is, one is military and the other is literary.

明初帝王斋居、召见大臣皆于武英殿，后移至文华殿。崇祯年间皇后千秋、命妇朝贺仪也在此举行。

明末农民起义军领袖李自成于1644年3月17日攻入北京，成立大顺政权。3月19日，李自成攻入紫禁城后暂住于武英殿，这是因为李自成对偌大的宫殿并不熟悉，不敢轻举妄动，而武英殿距离午门最近，又是一座独立的宫殿，便于李自成进退和防守。李自成进入武英殿的同时，武英殿的前主人崇祯自缢于煤山。李自成的军队很快就因军心懈怠，无力抵抗入关的清兵，只在4月29日于武英殿草草举行了即位仪式，翌日（4月30日）便撤离北京。

清兵入关之初，摄政王多尔衮先行抵京，以武英殿作为理事之所。清初武英殿用作皇帝便殿，举行小型朝贺、赏赐、祭祀等仪典。1669年，因太和殿、乾清宫等处维修，康熙帝曾一度移居武英殿。从1680年开始，清廷在武英殿设立刻书机构，即武英殿书局，直至清末。著名的《四库全书》就是在武英殿校正缮写的。民国初年，武英殿成了展览清宫珍宝的地方，后为故宫博物院的典籍馆和书画馆。2018年，故宫博物院宣布，武英殿与文华殿展陈功能对调，武英殿变为陶瓷馆,文华殿成为书画馆。

武英殿见证了几代帝王的政权流动。值得一提的是历时 42 天的李自成政权,至今令人唏嘘。李自成,曾经的放牛娃、小和尚、驿站驿卒、普通士兵,再到一代"闯王",进驻紫禁城,坐上龙榻,这一切无不充满偶然与不确定性,恐怕连李自成本人都觉得这角色转换得太富有戏剧性。所以当一切真正发生的时候,草根出身的李自成并没有做好准备。他不知道如何做皇帝,不知道如何治理国家。

文华殿

文华殿始建于明初,位于外朝协和门以东,与武英殿东西遥对,左文右武,左辅右弼。文华殿主殿为工字形平面。前殿即文华殿,南向,面阔5间,进深3间,黄琉璃瓦歇山顶。后殿曰主敬殿,规制与文华殿略似而进深稍浅。前后殿间以穿廊相连。东西配殿分别是本仁殿、集义殿。

Hall of Literary Brilliance

Hall of Literary Brilliance was built in the early Ming dynasty, located in the east of Xiehe Gate in the outer court. It's opposite to Hall of Martial Valor from east to west. The main hall of Hall of Literary Brilliance is an I-shaped plane. The front hall is Hall of Literary Brilliance, facing south, with 5 bays wide and 3 bays deep, with yellow glazed tile hip-and-gable roof. The back hall is Zhujing Hall, and its layout is slightly similar to that of Hall of Literary Brilliance, but is a little bit smaller. The front and back halls are connected by corridors. The wing halls in the east and west are Benevolence Hall and Righteousness Hall respectively.

文华殿在初建时是太子们的正殿,房顶上覆盖绿瓦,寓意为生长。后来由于几位太子年纪很小,不能处理政事,所以在嘉靖十五年正式改作皇帝便殿,换成黄瓦,著名的经筵典礼(旧日帝王听讲经籍的地方)就是在这里举行。

明代设有文华殿大学士一职,以辅导太子读书。清代逐渐演化形成"三殿三阁"的内阁制度(清王朝效法明制,将文馆改为内阁,由儒臣辅佐政务。大学士改加殿、阁衔,称"中和殿大学士""保和殿大学士""文华殿大学士""武英

殿大学士""文渊阁大学士""东阁大学士"。乾隆年间改"保和殿大学士"为"体仁阁大学士",成为"三殿三阁"),文华殿大学士的职掌变为辅助皇帝管理政务,统辖百官,权限较明代大为扩展。

文渊阁

　　明清两代都设有文渊阁,作为中央藏书的主要场所。明代文渊阁最初由朱元璋设于当时的应天,即今天的南京。明代文渊阁的藏书代表是《永乐大典》。北京的文渊阁是仿照南京文渊阁的形制而建,于 1776 年建成。1773 年,皇帝下诏编纂《四库全书》。1774 年下诏兴建藏书楼,命于文华殿后规度适宜方位,创建文渊阁,用于专贮《四库全书》。

Belvedere of Literary Profundity

　　In the Ming and Qing dynasties，Belvedere of Literary Profundity was set up as the main place for central collection of books. Belvedere of Literary Profundity in the Ming dynasty was originally set up by Zhu Yuanzhang in Yingtian City at that time，which is now Nanjing. The representative collection of books in Belvedere of Literary Profundity in the Ming dynasty is *Yongle Canon*. Beijing Belvedere of Literary Profundity was modeled after Nanjing Belvedere of Literary，and was built in 1776. In 1773，the emperor issued an imperial edict to compile *Sikuquanshu*. In 1774，the imperial edict was issued to build a library building. Behind the Hall of Literary Brilliance，the appropriate orientation is regulated and the Belvedere of Literary Profundity is set up for the exclusive storage of *Sikuquanshu*.

　　"文渊"的意思是知识渊博。顾名思义,文渊阁是与知识有关的地方。文渊阁是紫禁城里面的皇家藏书馆。文渊阁的建造仿制浙江天一阁的结构,但是天一阁是个两层的建筑,文渊阁却是"明二暗三"的结构。它利用屋檐下面的部分暗暗隔出了一个夹层。文渊阁一楼二楼都非常明亮,适合读书和经筵等活动,但是夹层却光线幽暗,只能用作藏书之地。文渊阁最大的特点是屋顶上的黑色琉璃瓦,这在紫禁城中非常少见。根据中国传统文化中五行和五色的关系,黑色主五行中的水。水是火的克星,而作为藏书的文渊阁最怕的就是火,所以采用了黑色的屋顶。文渊阁里最著名的藏书就是《四库全书》,《四库全书》的文渊阁本现藏于台北故宫博物院。

浴德堂

浴德堂位于故宫西南面的武英殿附近,其房顶建有西式风格的穹顶,穹顶上还开着小气窗,和故宫中的其他建筑风格大相径庭。浴德堂室内四壁至顶皆贴素白琉璃面砖,后墙筑有铁制壁炉供烧水之用。室外有锅台,西侧有井亭一座,悬石槽引水入锅,烧水蒸气入室。

Hall for Cultivating Virtues

Hall for Cultivating Virtues is located near the Hall of Martial Valor in the southwest of the Palace Museum. Its roof is equipped with a western-style dome with louvers, which is quite different from other architectural styles in the Palace Museum. White glazed tiles are pasted from the four walls to the top of the interior of Hall of Cultivating Virtues, and an iron fireplace is built on the back wall for boiling water. There is an outdoor pot platform, and a well pavilion on the west side. The hanging stone trough draws water into the pot and the boiling steam flows into the room while burning the water in the pot.

"浴德"出自《礼记》中"儒有澡身而浴德",意思是砥砺志行,使身心纯洁清白,而并非洗澡的意思。

浴德堂是典型的无梁殿结构。我国古代的建筑大多采用木材做主要建材,所以建筑都是有梁有柱的。浴德堂是故宫里的特例,未采用木材做建材,而是用石头、瓦、砖等垒砌而成的。石头、砖等建材的优点是不易腐烂、坚固性好。浴德堂的穹窿造型非常具有异域特色,使其在故宫建筑群中与众不同,格外引人注目。据说这是一座土耳其式建筑。因其名字中有个"浴"字,又在顶部开窗,后水井通入室,浴德堂就常常被认为与"水"有关,具体点,就是与"沐浴"有关。关于浴德堂的真正用途也是一个热门话题,演绎出来各种民间故事。有关浴德堂的用途,有以下几种说法。

一、最初有人说此处为乾隆帝香妃沐浴之所,但此说与实际情况太不符。

在清代,紫禁城的前朝和内廷是有严格界限的。前朝为皇帝和大臣们商议国家大事的地方,内廷则是皇帝和他的后宫佳丽们生活的地方,也就是俗称的后宫。在前朝办公的大臣们绝不可进入后宫,后宫的妃子们也不能擅自来到前朝。浴德堂的位置在前朝的武英殿附近,如果香妃要在此洗澡,得从后宫出发,穿越半个紫禁城才能到达,附近还有大臣们在办公,这是万万不允许的事情。

二、据考证这座小室为元代宫城内遗存的土耳其浴室。

三、相传明代曾用作皇帝斋被处。因为在明代,武英殿北为白虎殿,是皇帝死后大臣斋戒之所,而浴德堂的后面有一地下室,此处阴暗,光照条件、温度条件都适合暂时停灵。

四、清代于武英殿设御书处,该室遂改为蒸纸处,供印刷书籍、蒸熏纸张之用,相当于皇宫内的一个印刷作坊。

太和殿

太和殿俗称金銮殿(因殿内的地砖而得名),是东方三大殿(北京紫禁城的太和殿、曲阜孔庙的大成殿、泰山岱庙的天贶殿)之一,是中国现存最大的木结构大殿,位于北京故宫南北主轴线的显要位置。

Hall of Supreme Harmony

Hall of Supreme Harmony, commonly known as the Golden Hall (the reason why we call it the Golden Hall is due to the floor tiles in the hall), is the palace building of the Forbidden City in Beijing in the Ming and Qing dynasties, and one of the Three Oriental Great Halls (Hall of Supreme Harmony in the Forbidden City in Beijing, Dacheng Hall of Confucius Temple in Qufu, and Tiankuang Hall of Dai Temple in Mount Tai). Hall of Supreme Harmony is the largest existing wooden hall in China, and located in a prominent position on the north-south axis of the Palace Museum in Beijing.

"金瓦金銮殿,皇上不坐殿。一朝出了午门口,一个鼻子两只手。金瓦金銮殿,皇上看不见。一朝出了午门口,百姓的事儿牵着走,牵着走!"看过电视剧《康熙微服私访记》的观众应该很熟悉这几句歌词。

1420 年,仿南京故宫奉天殿建成了紫禁城的奉天殿。"奉天"的意思是奉承天命。1562 年改称皇极殿。"极"指最高处的木件,引申为"中正之道"。朱厚熜由于自己不是正统的身份,一直耿耿于怀,遂将三大殿改名为皇极殿、中极殿、建极殿。朱厚熜用三个"极"字标榜自己统治天下,符合中正之道。1645 年,奉天殿改为"太和殿"(面对刚刚打下的江山,顺治帝最迫切的愿望就是"和")。

如今有很多人认为太和殿平时是用于上朝的,其实不是。太和殿是用来举行重大典礼的场所,实际使用次数很少。明清皇帝上朝的地方主要在太和门、乾清门(为御门听政之所)、乾清宫(有大事或重要的事情时皇帝召见大臣所在地)、养心殿(清朝后期垂帘听政之地)。明清两朝 24 个皇帝都在太和殿举行盛大典礼,如皇帝登基即位、皇帝大婚、册立皇后、命将出征,此外每年万寿节、元旦、冬至三大节,皇帝在此接受文武官员的朝贺,并向王公大臣赐宴。

太和殿是紫禁城里最重要的建筑。从 1421 年至 1679 年,它历经了 4 次大火,每一次都是毁灭性的破坏。每次大火之后,都花费了若干年和大量的人力物力进行重修。太和殿无论是从整个建筑的形制上还是细节上都具有很强烈的象征意义,可以说象征意义大于其使用价值(见表 2)。

表 2 太和殿的象征意义和使用价值

太和殿	象征意义	使用价值
位于南北中轴线的显要位置	坐拥天下,天人合一	
占地呈方形	天圆地方	
居前朝正中心	整齐、有序,坐拥天下	
与中和殿、保和殿成一组	和谐统一	
3 万平方米的广场	威严肃穆	重大活动的场所
体量最大:建筑面积 2 377 平方米,高 26.92 米,连同台基通高 35.05 米	至高无上的皇权	
8.13 米的三层台基	至高无上的皇权	
1 142 个龙头(螭首)	皇家气派	排水
2 口鎏金青铜太平缸,每口重 2 吨	天下太平	消防储水
面阔 11 间,进深 5 间	至高无上的皇权	
10 个脊兽	至高无上的皇权	美观,固定屋脊

太和殿	象征意义	使用价值
重檐庑殿顶	至高无上的皇权	
金龙和玺彩画,共有 13 000 多条金龙	真龙天子的殿堂	美观
日晷、嘉量	皇帝拥有制定规则的最高权力	
铜龟、铜鹤	长寿	
宝象	五谷丰登,天下太平,江山稳固	
甪端	明君,吉祥	
九龙金漆宝座	至高无上的皇权	
蟠龙衔珠藻井	至高无上的皇权	
二尺见方的大金砖 4 718 块	至高无上的皇权	
楠木大柱 72 根,其中顶梁大柱最粗最高,直径为 1.06 米,高为 12.7 米	至高无上的皇权	
轩辕镜	至高无上的皇权	
5 座神秘符牌	平安	
"建极绥猷"匾	上体天道,下顺民意,用中正的法则治理国家	
屋脊两端高 3.4 米、重约 4 300 千克的大吻	上承天下通地,是天地与皇帝天人合一的天地之"吻"	

中和殿

中和殿为故宫外朝三大殿之一,位于紫禁城太和殿、保和殿之间,殿名取自《礼记·中庸》中"中也者,天下之本也;和也者,天下之道也"。

Hall of Central Harmony

Hall of Central Harmony is one of the Three Great Halls in the outer court of the Palace Museum and is located between the Hall of Supreme Harmony and the Hall of Preserving Harmony in the Forbidden City. The name of the hall is taken from *The Doctrine of Mean of Book of Rites*. "Neutralization is the foundation of the world; harmony is the way of the world."

中和殿呈正方形,面阔、进深各为3间,四面出廊,金砖铺地,建筑面积580平方米。屋顶为单檐四角攒尖顶,顶面覆黄色琉璃瓦,顶中为铜胎鎏金宝顶。中和殿门窗的形制取自《大戴礼记》所述的"明堂",避免了三座大殿的雷同。

中和殿与太和殿、保和殿相比,存在感比较低。中和殿内宝座的左右两侧有两只独特的神兽角端,角端与麒麟相似,也是独角。它和麒麟一样,是古人臆想出来的神兽。相传角端日行一万八千里,通四国语言,并且它只陪伴明君。很明显,角端是古人对明君的强烈期盼和希望寄托。中和殿的用途也和太和殿有关。皇帝每次去太和殿参加各种大典的时候,途经中和殿,就在中和殿短暂休息,并聆听主持大典的大臣们朝拜和议事。明清以农业为主,皇帝每年还要进行亲耕的活动。每到亲耕的时候,皇帝要在中和殿进行种子和农具的检验等活动。皇帝亲耕说明了皇帝对农业的重视。

保和殿

保和殿面阔9间,进深5间(含前廊1间),建筑面积1 240平方米,高29.5米。屋顶为重檐歇山顶,上覆黄色琉璃瓦,上下檐角均安放9个小兽。

Hall of Preserving Harmony

The Hall of Preserving Harmony is 9 bays wide and 5 bays deep (including 1 front porch), with a building area of 1,240 square meters and a height of 29.5 meters. It has the double-eaved hip-and-gable roof, covered with yellow glazed tiles, and 9 small mythological animals are placed on the upper and lower eaves' corners respectively.

保和殿内金砖铺地。东西两梢间为暖阁,安板门两扇,上加木质浮雕如意云龙浑金毗庐帽。建筑上采用了减柱造做法,将殿内前檐金柱减去六根,使空间宽敞舒适。减柱造为古代建筑柱网平面中减掉部分金柱的做法,出现于11世纪后,辽金时庙宇建筑常用此种做法,可使室内空间宽敞,明以后少用。紫禁城内保和殿、乾清宫、坤宁宫等尚保留此种做法。

保和殿于1420年建成,原名谨身殿,明嘉靖时改名建极殿,清顺治时始称保和殿,清乾隆时重修。

保和殿最有特色的地方是殿后面的云龙石阶。云龙石阶是由北京房山采来的 300 吨的整块石头雕琢而成。这在紫禁城是绝无仅有的一块石阶。云龙石阶是最能体现中国古人智慧的物件之一。

乾清宫

乾清宫为内廷后三宫之一。始建于 1420 年,明清两代曾因数次被焚毁而重建,现有建筑为 1798 年所建。建筑占地面积约 1 400 平方米。乾清宫为黄琉璃瓦重檐庑殿顶,面阔 9 间,进深 5 间。乾清宫两层檐间挂蓝底大匾,上用满汉两种文字书写"乾清宫"三个字,象征清朝统治者希望满汉一家,和平共处,相安无事。

Palace of Heavenly Purity

Palace of Heavenly Purity is one of the three palaces in the inner court. It was built in 1420 and was rebuilt in the Ming and Qing dynasties after being burned down for several times. The existing building was built in 1798. The building covers an area of about 1,400 square meters. Palace of Heavenly Purity has double-eaved hip roof with yellow glazed tiles on it. It is 9 bays wide and 5 bays deep. A large plaque with a blue background is hung between the two eaves of Palace of Heavenly Purity and on the plague the three words "Qianqinggong" are written in both Manchu and Chinese, which symbolizes that the rulers of the Qing dynasty want the Manchu and Han nationalities to live in peace and harmony.

"乾"是"天"的意思,"清"是"透彻"之意。"乾清"二字主要有以下两个意思:一是透彻的天空,不浑不浊,象征国家安定;二是象征皇帝的所作所为像清澈的天空一样坦荡,没有任何见不得人的事。"乾清"一词最早见于韩愈诗中"乾清坤夷"句,意为天下清平、大地安宁。

明朝时皇帝和皇后的寝宫就在乾清宫。嘉靖年间,皇帝朱厚熜不理朝政,而是沉迷于修仙练道,以求长生不老之法。方士告诉朱厚熜,未经人事的女子的月经血可以用来炼丹。为保证月经血的纯净,女子们不得进食,只能喝一些露水。为了得到更多的经血,他们还会给宫女们吃药催其流血,导致一些宫女血崩而死。宫女们苦不堪言,终于忍无可忍。宫女们商量要勒死皇帝,可是在慌乱中将绳子打成了死结,谋杀失败了,结果可想而知,所有参与的宫女都被凌迟处死,史称"壬寅宫变"。这位荒淫无度的嘉靖皇帝,一度被百姓称为"家净"皇帝,可见百姓被欺压搜刮到何种地步。宫变之后,朱厚熜再也不敢住在乾清宫,直到死前头一天才搬回来。

乾清宫只住过 16 位皇帝,明朝 14 位,清朝 2 位(顺治和康熙),雍正帝为了显示孝顺,在康熙驾崩之后就住到养心殿去了,所以乾隆也是,后面的皇帝都住在养心殿而不是乾清宫。但乾清宫还是有很多故事的。众所周知的少年康熙智擒鳌拜就发生在乾清宫;储藏着皇位继承人的建储匣也在乾清宫,放在顺治帝亲笔题写的"正大光明"匾后面。

江山社稷金殿

乾清宫月台东西两侧各有一座三层方形石台,上各有一座铜鎏金仿木构的殿亭,上圆下方重檐攒尖顶,进深面阔各 1 间。按东西分别称作江山金殿和社稷金殿,东侧的江山金殿是国家政权的体现——领土,西侧的社稷金殿是经济命脉的象征——农业。江山社稷金殿分列皇帝寝宫乾清宫两侧,寓意着皇帝同时掌控着国家的政权和经济命脉,也表达了皇帝固守领土和重视农业的信念。

Golden Palaces of Jiangshan and Sheji

There are three-story square stone platforms in the east and west side of the terrace of Hall of Heavenly Purity. There are two copper-plated wooden palaces on each platform. The Hall of Heavenly Purity has a double-eaved pyramidal roof and is round in the upper part and square in the lower part. The hall is one bay wide and one bay deep. The two palaces are called Golden Palace of Jiangshan and Golden Palace of Sheji respectively according to their east and west locations. The Golden Palace of Jiangshan in the east embodies the state's power, that is the territory. The Golden Palace of Sheji in the west symbolizes the economic lifeline, that is agriculture. The two golden palaces are on the both sides of Hall of Heavenly Purity, the emperor's sleeping place and mean that the emperors can control both the status's power and the economic lifeline at the same time, and also show that the emperors' firm belief to resolutely defend the terrotory and attach great importance to agriculture.

这种上圆下方的重檐攒尖顶建筑在故宫里还有两座,且其排列方式与江山社稷金殿一样,都是位于中轴线重要建筑两侧,它们是御花园钦安殿东西两侧的万春亭和千秋亭。万春亭在东,东方属春,寓意生长延续。万春是益寿延年的表达。江山金殿也在生长延续的东侧,与后面的万春亭合起来有江山万代的寓意。千秋亭在西,西方属秋,寓意收获富足。社稷金殿也在西侧,寓意国家农业丰产,物资充足。同样的,紫禁城外与农业相关的两大坛庙——社稷坛和先农坛也都位于中轴线西侧。

江山社稷金殿是我国古代镇物文化的表现形式。镇物是我国古人主观认为的消灾纳福之物,为民间信仰习俗之一。江山、社稷两座金殿作为镇物,体现了古代帝王希望利用它们来巩固其政权统治的思想。

镇物,简单说就是震慑妖魔鬼怪之物。震慑的办法有很多种,主要是物镇和符镇两种。过去,北京一带有几项镇物,为民间所常见:一为山海镇,二为石敢当,三为八卦太极图,四为门前镜,五为一善牌,六为影壁。此六项都是镇宅之物。

乾清宫前的江山社稷金殿是反映我国古代宫廷历史、民俗文化、建筑技艺等内容的宝贵实物,因而具有极其重要的历史文物价值。

老虎洞

古人称设置在堤形道路下的横向拱形涵洞为老虎洞,它是古代土木工程的一个术语。乾清宫月台丹陛之下就设有老虎洞,是一条贯通东西的通道,用石头砌筑,出入口为方形,洞内为拱形,洞高 1.8 米,宽 1.1 米,长 10 米。历经数百年沧桑,至今仍十分完好。

Tiger Culvert

The ancients called the transverse arch culvert under the embankment road tiger culvert, which was a term of ancient civil engineering. There is a tiger culvert below Danbi of the platform of Palace of Heavenly Purity，which is a passage from east to west. It is made of stone，with square entrance and exit，and is arch-shaped inside. The culvert is 1.8 meters high，1.1 meters wide and 10 meters long. After hundreds of years of vicissitudes，it is still intact.

这个老虎洞的作用非常多。首先它可以供太监宫女们来回出入，因为他们是下等人，不能在乾清宫前面高高的甬道上穿行。其次，这个老虎洞也可以作为工人们运输材料的通道，非常便捷。再次，它相当于一个涵洞，平衡甬道左右的水位。最后，这个老虎洞还是火灾等灾难发生时的避难所。

相传，明朝倒数第二任皇帝，也就天启帝朱由校，非常贪图玩乐，尤其喜欢捉迷藏的游戏。这个老虎洞就成了朱由校和一群太监宫女玩捉迷藏的场所。前人有诗云："石梁深处夜迷藏，雾露溟蒙护月光。捉得御衣旋放手，名花飞出袖中香。"意为在夜晚的深宫中，皇帝和宫女们一起捉迷藏。月光轻盈地洒在皇宫内，月光照耀着露水。宫女们逗蒙着眼的皇帝，每次抓着皇帝的衣角就立刻放开，皇帝抓不到人，只能闻到宫女们袖口散发的香味。有这么贪玩的皇帝，明朝灭亡便是情理之中的事情了。

交泰殿

交泰殿是内廷后三宫之一，位于乾清宫和坤宁宫之间。交泰殿的名字来源于《易经》，有"天地交合、康泰美满"的意思。

Hall of Union

Hall of Union is one of the three palaces of the inner court，located between Palace of Heavenly Purity and Palace of Earthly Tranquility. The name of Hall of Union comes from the *Book of Changes*，which means that heaven and earth unite in deep harmony and happiness.

说到与交泰殿有关的传奇故事，就不得不提到一块顺治帝命人竖立在交泰殿的铁牌，上面刻着一道诏令：不许中官干预朝政，违令者严惩。

顺治七年，摄政多年的多尔衮去世，这让 12 岁的顺治摆脱了傀儡皇帝的形象，正式亲政。而朝中的元老大臣，对国家政治，甚至皇帝的婚姻家庭，总是过多地干预，甚至宫女太监都还把顺治帝当成小孩子看待，这让顺治非常愤恨。

直到1653年6月，年仅15岁的顺治再也忍受不了轻蔑的眼光，突然颁布上谕，对太监做出了不许干预朝政的规定。谕令颁布以后，顺治还是不放心，2年后，他再次发布上谕，严禁太监干涉朝政，并将这道上谕刻在3块铁牌上，分别放置在交泰殿、内务府和慎刑司。虽然这些条令是规定给宫内的太监的，但是铁牌被放在交泰殿里，其实是在暗示后宫的所有人，包括太后和妃嫔，以及他们各自背后的家庭，不要妄想干预国家大事。

其实，在交泰殿里，还发生过一些后宫琐事。交泰殿，寓意乾坤交而天地泰，帝后交而夫妻泰。明清两朝历代君王，很少有帝后夫妻感情深厚的，不过，明朝崇祯帝与周皇后却是例外。

崇祯年间的一个正月初一的早晨，按惯例，后宫嫔妃要给皇后拜年。在朝会中，恃宠而骄的田贵妃看周皇后对袁贵妃十分热情，感觉周皇后厚此薄彼，于是就怀恨在心，向崇祯哭诉自己受到了不公平的对待。

于是，崇祯开始对周皇后有意见了。有一次，崇祯竟在众目睽睽之下，一把将周皇后推倒在地。在太监宫女面前，被推倒的周皇后感到了莫大的侮辱。

回到自己宫里的周皇后，越想越愤怒，开始绝食抗议。后来崇祯帝也知道自己做了错事，对皇后做出这么粗暴的行为，后悔不已，连忙下令，赐给周皇后一件贵重的貂裘。

在此之后，为了维护周皇后的尊严，崇祯惩罚田贵妃到启祥宫反省过错，而且整整3个月不再召见田贵妃。至此，交泰殿为我们戏说的这一段皇室夫妻的趣闻，才算是最终画上了圆满的句号。

坤宁宫

坤宁宫是明清两代皇后的中宫。明代皇帝住在乾清宫，所以坤宁宫是皇后的寝宫。

Palace of Earthly Tranquility

Palace of Earthly Tranquility is the main residence of the empresses of the Ming and Qing dynasties. The emperors of the Ming dynasty lived in Palace of

Heavenly Purity，so Palace of Earthly Tranquility was the queen's imperial sleeping palace.

坤宁宫位于交泰殿北。《周易》中记："乾，天也，故称为父；坤，地也，故称为母。"所以，皇后作为天子的妻子，作为一国之母，就要用"坤"这个字。

《幼学琼林》中记："混沌初开，乾坤始奠。气之轻清上浮者为天，气之重浊下凝者为地。"乾清为天高清明，而坤宁为地厚物博，且一阳一阴，符合我国的阴阳之说，所以乾清宫和坤宁宫就成了一个互补的名号。

坤宁宫的名字出自《道德经》："昔之得一者，天得一以清，地得一以宁，神得一以灵，谷得一以盈，万物得一以生，侯王得一而以为天下正。"意为天得到道而清明，地得到道而宁静，神即人得到道而英灵，河谷得到道而充盈，万物得到道而生长，侯王得到道而成为天下的首领。

1644 年，李自成领导的农民起义军攻克北京时，崇祯的皇后周皇后就是在坤宁宫自杀的。到了清代，因为皇帝办公地点从外廷移进内廷的乾清宫，寝宫西移养心殿，所以坤宁宫也就成为形式上的中宫了。

虽然能够在坤宁宫中居住是莫大的尊荣，但是每日都要忍受祭祀的仪式和杀猪的血腥等不适，皇帝也觉得有些不快，所以在与皇后大婚之日起在这里居住 3 天之后便搬到新的住处，不再长久地居住在坤宁宫中。

后来，坤宁宫的主要用途是作为祭祀的地方。因为祭祀的祭品一定要保证是现杀的，决不能出现以次充好的现象，所以庄严的坤宁宫中也就兼任了杀猪这样的功能。每日的早间和晚间两个时辰，都会在宫中宰杀活猪，然后将这些祭品处理干净之后供奉在神像的面前，再由女性萨满举行满人宗教的祭祀仪式。

祭祀过后，皇帝将胙（古代宗庙祭祀时所用的肉）赏赐给大家吃，能吃到这肉是一种福分。但祭祀用的肉是用清水煮的，而且不能放盐。但这是皇帝的恩赐，不但要吃得一点不剩，还要吃得津津有味。于是有人使起了小聪明，受到邀请之后，悄悄带上点盐，趁人不注意时，洒在肉上，味道就好多了。以后又有人贿赂太监，在分肉的时候做些手脚。那些不懂此道者便受了大罪，尽吃些难以下咽的肥膘，还要一个劲地谢主隆恩。

但是到了清朝末年，国家面对内忧外患焦头烂额，这项制度也慢慢地不被人重视了。一些掌事的大太监甚至还会将这些祭祀所用的猪肉偷出来卖给宫外的饭馆。因为是皇宫特供,所以肉质自然要超出其他的普通猪肉,北京城一家老字号的砂锅就是因为使用了这种猪肉而名声大噪。

景仁宫

景仁宫为内廷东六宫之一。1420 年建成,最初的名字是长安宫,1535 年改名为景仁宫。

Palace of Great Benevolence

Palace of Great Benevolence is one of the Six Eastern Palaces in the inner court. It was built in 1420. Its original name was Chang'an Palace, and it was renamed Palace of Great Benevolence in 1535.

景仁宫为二进院,正门南向,称为景仁门。面阔 5 间,黄琉璃瓦歇山式顶。明间室内悬挂乾隆御题"赞德宫闱"匾。

乾隆帝生母孝圣宪皇后、咸丰帝婉贵妃、光绪帝珍妃均曾在此居住。

清朝后期的皇后不住在坤宁宫,而是住在景仁宫。坤宁宫从康熙朝就不住人了,因为赫舍里皇后死在那,所以那里变成祭祀的地方,只有帝后大婚那段时间皇后住在那里。雍正的皇后就是住在景仁宫,而乾隆的第一任皇后孝贤富察氏住的是长春宫。

延禧宫

延禧宫是古代汉族宫殿建筑,属于紫禁城内廷东六宫之一,位于东六宫区的东南角。建于 1420 年,初名长寿宫,1535 年改称延祺宫,清代又改名为延禧宫,"延"是延长、增添之义。而无论是更名之前的"祺",还是更名之后的"禧",都是幸福、吉祥、长寿的意思。延禧,代表了一个非常美好的寓意。1686 年重修。明清两朝均为妃嫔所居,清道光帝之恬嫔、成贵人曾在此居住。乾隆帝之孝仪纯皇后曾在此居住。

Palace of Prolonging Happiness

Palace of Prolonging Happiness is an ancient palace architecture of Han nationality. As one of the Sixth Eastern Palaces of the inner court, it is located in the southeast corner of the Six Eastern Palaces District. It was built in 1420 and was originally named Palace of Longevity. In 1535, it was renamed Yanqi Palace. In the Qing dynasty, it was renamed Palace of Prolonging Happiness (Yanxi Palace), and the charcater "Yan" means extension and addition. Whether it is "Qi" before the name change or "Xi" after the name change, it means happiness, auspiciousness and longevity. Yanxi represents a very beautiful implication. It was rebuilt in 1686. In the Ming and Qing dynasties, some concubines lived here, and concubine Tian and Noble Laby Cheng of the Emperor Daoguang of Qing once lived here. Empress Xiaoyichun of the Emperor Qianlong once lived here.

从 1802 年到 1855 年,延禧宫发生过 4 次火灾。据记载,1845 年的火灾最为严重,共烧房 25 间,也就是说那次火灾烧掉了所有建筑,仅剩下宫门。

后来因为清廷财政拮据,延禧宫就一直荒着了。直到 1909 年,执掌后宫的隆裕太后决定改建延禧宫。隆裕太后为了防止该宫再起火,决定在院中心建造一座西洋式的"水晶宫",以水镇之。

所谓"水晶宫",就是以汉白玉为建筑主体,铜铁为架构,玻璃为窗和地板,并掘地为池。里面蓄上水,养上鱼,种上荷藻。窗户也计划是两层玻璃,中间夹层里注水养鱼,搞成一个"水族馆"。隆裕太后还为此建筑题名"灵沼轩"。1910 年 6 月,隆裕太后还下令西苑电灯公所(清代供电机构)给"水晶宫"安装电暖炉、电风扇以及电灯。

不过清王朝当时已日渐衰败,国库亏空,"水晶宫"也时建时停。最终还没有建好,清王朝就覆灭了。1917 年张勋复辟时,"水晶宫"还被直系部队飞机投的炸弹炸着了。所以延禧宫就成了皇宫中的西洋"烂尾楼"。

1931 年,故宫博物院在延禧宫遗址上修建了一座文物库房,为了让库房能和故宫其他建筑相平衡,就在库房上覆盖了一层黄色琉璃瓦。1949 年以后,延禧宫文物库房分别由中国古陶瓷研究中心和中国古书画研究中心使用。2010 年延禧宫才对外开放,举办古陶瓷标本展和中国古文字展。后随着延禧宫的爆红,2019 年 3 月 2 日,故宫博物院宣布延禧宫区域建筑将启动研究性保护和修缮。

在东六宫当中，延禧宫处于最边缘的位置。周边都是宫女和太监常走的道路，比较嘈杂，也经常发生一些事故，所以许多嫔妃不愿意住延禧宫。

据记载，目前所知的已确定居住过延禧宫的有两位妃嫔，即道光帝的恬嫔和成贵人。恬嫔在道光帝当皇子时就是侧福晋，道光登基后，她被封为恬嫔，居于延禧宫，一生没有得到晋升，56岁时去世。成贵人在1828年入宫，初封贵人，后来随着一任任新皇的登基，她的等级也越来越高。1888年，成贵人去世，享年75岁，此时的她已经被封为贵妃。

隆裕皇后在清朝历史上是个非常关键的人物。明清时期出过好几位有名的皇后，比如朱元璋的皇后马皇后、朱棣的皇后徐氏、乾隆的富察皇后、溥仪的婉容皇后。她们都是集美貌与才华于一身的女子，是一个时代女子的典范。而有些名气不大的皇后，却又真真切切地为历史做出了很大贡献，就如隆裕皇后。隆裕皇后被孙中山和黎元洪称为女中尧舜，因为她是亲手终结清朝的人。

隆裕皇后，叶赫那拉氏，满洲镶黄旗人，名静芬，小名喜子，副都统叶赫那拉·桂祥之女，是光绪的表姐。1888年被慈禧太后钦点成婚，次年立为皇后，并在婚期过后住进东六宫之一的钟粹宫。隆裕皇后是慈禧太后的亲侄女，是慈禧太后为了控制光绪帝的一枚棋子。隆裕皇后长相非常普通，甚至还有点丑，所以一直得不到皇帝的宠爱。

后来，慈禧与光绪帝先后去世，溥仪坐上了龙椅，是为宣统帝。溥仪年幼，隆裕太后与溥仪的亲生父亲载沣共同执掌摇摇欲坠的大清朝。后来载沣辞去了摄政王的职务，隆裕太后成了清朝实际上的最高权力者。

其实隆裕太后从小饱读诗书，深知历史。在摇摇欲坠的清朝末期，她曾经对主战派说："自古无不亡之国，亡国之日，血流成河，有几个朝代的皇室能够幸存？"在与主战派的商讨中，她说："打赢了固然好，如果打不赢，千百万生命白白送掉！"

经过深思熟虑后，隆裕太后抛弃了主战派，选择和谈，最终争取到了优待条件，以每年400万大洋的条件放弃清朝延续了268年的皇权。

1912年2月12日，隆裕太后带着溥仪在养心殿宣读了《清帝逊位诏书》。当从袁世凯手中接过诏书，尚未宣读完，隆裕太后已然泣不成声，以致满朝大臣皆被感动放声而哭。在一片痛哭声中，清朝的统治正式宣告终结，从此退出历史舞台,社会向前迈出了一大步,进入共和时期。1913 年 2 月 22 日凌晨 2 点,中国最后的太后隆裕太后与世长辞,终年 46 岁。

翊坤宫

翊坤宫位于永寿宫之北,储秀宫之南,长春宫之东。东西六宫以东为尊,以靠近中轴线为尊,以靠近乾清宫为尊。"翊"解释为辅佐,皇后的寝宫为坤宁宫,"翊坤"即辅佐皇后管理六宫之意。

Palace of Earthly Honor

Palace of Earthly Honor is located in the north of Palace of Eternal Longevity, south of Palace of Gathered Elegance and east of Palace of Eternal Spring. Among the east and west six palaces, it is honored to be located in the east; it is honored to be located near the central axis; it is honored to be located near Palace of Heavenly Purity. "Yi" means assisting. The empress's residence is Palace of Earthly Tranquility, and "Yikun" means assisting the empress in managing the east and west six palaces.

翊坤宫中住过的嫔妃有万历帝的郑贵妃,一位嗜权如命的女人,为了自己儿子立储的欲望,将后宫和前朝搅得动荡不安,是一位饱受诟病的嫔妃。乾隆的继后乌拉那拉氏也曾住在翊坤宫。关于乌拉那拉氏,留下的资料特别少。另一位与翊坤宫有关系的人就是慈禧。因为翊坤宫与储秀宫相连,住在储秀宫里的慈禧就经常在翊坤宫活动,每逢大典,她会在这里接受嫔妃们的朝拜。位于翊坤宫和储秀宫中间的体和殿,是清朝选秀的地方。末代皇后婉容也常来翊坤宫游玩。溥仪还为婉容在翊坤宫安装了秋千,可见溥仪对婉容的宠爱。翊坤宫虽然是东西六宫中最重要的一个宫殿,但是居住在里面的女人大都没有好的结局。历史流转,现在看来只是一个个精彩的故事,但却是每个女人的一生。

翊坤宫里面有一块牌匾,上书"有容德大",意思是心胸宽广,才能将自己的德行推广出去。

储秀宫

储秀宫,内廷西六宫之一,位于咸福宫之东,翊坤宫之北,是始建于明代的宫殿建筑,是明清后妃居住地。储秀宫为单檐歇山顶,面阔五间,前出廊。

Palace of Gathered Elegance

Palace of Gathered Elegance, one of the Six Western Palaces in the inner court, is located in the east of Palace of Universal Happiness and the north of Palace of Earthly Honor. It was built in the Ming dynasty and the residence of concubines in the Ming and Qing dynasties. Palace of Gathered Elegance has a single-eaved hip-and-gable roof, with a width of five bays and a front porch.

提到储秀宫,就不得不说到慈禧太后。慈禧太后(1835 年 11 月 29 日—1908 年 11 月 15 日),即孝钦显皇后,满洲镶蓝旗人,后抬至镶黄旗,叶赫那拉氏,咸丰帝妃嫔,同治帝生母,是统治了中国 47 年的女人。

储秀宫对慈禧来说,意义非凡。慈禧 17 岁入宫后,便生活在储秀宫,这里装满了她青春时光的美好回忆。慈禧唯一的儿子,也就是同治帝,也是在储秀宫出生的,因此这是带给她幸运和福气的地方。

1884 年,慈禧太后五十大寿重修储秀宫之际,储秀门及翊坤宫后殿体和殿被修改成一间穿堂殿,体和殿东西耳房各改一间为通道,使储秀宫与翊坤宫相连。关上殿门,两宫依然可以成为单独的院落。体和殿亦成为慈禧太后的用膳处与外书房。

慈宁宫

慈宁宫始建于 1536 年,是在仁寿宫的故址上撤除大善殿而建成,万历年间因灾重建。清沿明制,1653 年、1689 年、1751 年均加以修葺,将其作为皇太后居住的正宫。1769 年,慈宁宫正殿由单檐改为重檐,并将后寝殿后移,始定今之形制。

Palace of Compassion and Tranquility

Palace of Compassion and Tranquility was built in 1536. It was built on the old site of Renshou Palace with the removal of the Dashan Hall. It was reconstructed due to disasters in the emperor Wanli era. During the Qing dynasty，in 1653，in 1689 and in 1751，it was repaired and was used as the main palace of the empress dowager. In 1769，the roof of the main hall was changed from single-eaved to double-eaved，and moved the back bedroom back，and the building we see doday was established.

慈宁宫建于明朝嘉靖年间,在明朝时是太后和太妃的居住地。清朝延续明朝的规制,太后和太妃也是住在慈宁宫。慈宁宫还有一个作用,就是举行册封礼。太后上徽号、后妃举行册封礼、公主下嫁等均在此。还有一个重要的活动,就是太后寿辰的时候,皇帝会带领皇亲国戚等众人一同庆贺,非常隆重。徽号也叫尊号,"徽"是"美好"的意思,"尊"是"尊敬"的意思。徽号是对太后生前的赞美之词。这里徽号要与谥号区分开,谥号是对皇帝、妃嫔等死后的评说,也多为赞美之词。

明清两朝,慈宁宫住过多位皇太后,孝庄算是在慈宁宫住过的太后中最厉害的一位了。她 13 岁嫁给皇太极之后,一辈子辅佐了 3 任皇帝,一直到 76 岁,孝庄一直住在慈宁宫,她死后慈宁宫就一直没人居住。康熙主政后,孝庄太皇太后在慈宁宫颐养天年,康熙帝也数十年如一日地奉养太皇太后。1687 年,孝庄太皇太后病危,康熙昼夜不离地侍奉在慈宁宫,但不久,孝庄太皇太后还是离世了。康熙在慈宁宫设帷帐守孝,还想把慈宁宫作为孝庄的奉殿,但是遭到了大臣劝阻。后来,康熙每年都到慈宁宫祭奠孝庄,康熙在位 61 年,再加上孝庄的影响力,时间一长,慈宁宫就变成了纪念孝庄的地方。

寿康宫

寿康宫位于慈宁宫西侧。1735 年始建,1736 年建成,1820 年、1890 年重修。寿康宫主宫区呈南北方向的长方形,由三进院落组成。南北长 148 米,东西宽 57 米,周围有红墙环绕,占地约 8 436 平方米。

Palace of Longevity and Health

Palace of Longevity and Health is located on the west side of Palace of Compassion and Tranquility. It was built in 1735, completed in 1736, and rebuilt in 1820 and 1890. The main palace area of Palace of Longevity and Health is a rectangle in the north-south direction, which consists of three courtyards. It is 148 meters long from south to north and 57 meters wide from east to west and is surrounded by red walls. It covers an area of about 8,436 square meters.

寿康宫为清代太皇太后、皇太后居所，太妃、太嫔随居于此，皇帝每隔两三日即至此行问安礼。乾隆时期孝圣宪皇太后、嘉庆时期颖贵太妃、咸丰时期康慈皇太后都曾在此颐养天年。

寿康宫是电视剧《甄嬛传》中甄嬛原型钮祜禄氏的主要居所。随着电视剧《甄嬛传》的热播，寿康宫的热度也越来越高。2015 年 10 月 10 日，寿康宫正式开始对公众亮相。

弘历 10 岁时，也就是钮祜禄氏 28 岁时，弘历随父雍正初侍康熙帝，宴于圆明园牡丹台。康熙帝见皇孙弘历聪颖过人，十分喜爱，便要求见一见弘历的生母。康熙见到钮祜禄氏，连声称钮祜禄氏是有福之人。从此钮祜禄氏才开始逐渐得到雍正的恩宠。"母凭子贵"这一说法很好地在钮祜禄氏的身上体现了。

弘历 25 岁登基，即乾隆帝，钮祜禄氏成为皇太后，尊为孝圣宪皇后、崇庆皇太后。钮祜禄氏与雍正的感情一直都比较淡薄，最高的位份是皇贵妃，没有做过皇后。因为儿子弘历特别优秀，钮祜禄氏得到了康熙和雍正两代皇帝的重视。

乾隆帝即位后为母亲崇庆皇太后建造寿康宫，作为太后的颐养起居之所，乾隆元年建成，之后寿康宫也成为清代皇太后居住的宫殿。此宫殿极尽奢华，这里有世界上体量最大的海南黄花梨龙柜。据说这个龙柜因为太大，是拆了墙才运进去的。乾隆为了让母亲住得舒服，还在寿康宫建了几个独立的净身房和卫生间，这在整个紫禁城都是独一无二的。寿康宫里的藏品更是不计其数，单是如意就有 8 000 多柄。乾隆帝更是每隔两三日就要到寿康宫看望母亲，行问安礼。皇太后直到 84 岁才安详去世，是皇太后中少有长寿的一位了。因为有一个孝顺的皇帝儿子，皇太后一生享尽了荣华富贵，可以说是"福、禄、寿"俱全的一生了。为了寄托对母亲的极度思念，乾隆帝决定亲自督造一座金塔，来存放崇庆皇太后身前梳落的头发。当塔样的最终方案确定时，内务府也从寿康宫和畅春园汇集了所有的大型黄金制品,一共 1 300 多两。而要做金发塔,内务府藏的金子是不够的,这样就把寿康宫所收藏的一些金册、金宝、金盆,包括小的鼻烟壶、金的茶匙,都给化了,仍然不够。最后又添了 600 多两银子,制成了一个六成金的发塔。8 个月后,一个高 1.47 米、重达 107.5 千克的金发塔落成。它分上下 6 层,由下盘、塔斗、塔肚、塔脖、塔伞、日月构成,通体镶嵌绿松石、红珊瑚等珠宝,夺目绚丽,气势恢宏。乾隆下令将金发塔安放于寿康宫东佛堂,为崇庆皇太后升天祈福。皇太后去世当年,乾隆更是下诏免除全国一年的赋税,以此为母亲积福。

敬事房

　　清朝的敬事房,又名宫殿监办事处,是专门管理太监的一个机构,隶属于内务府。乾东五所(又称北五所)中的第三所为敬事房。

House of Respectful Affairs

House of Respectful Affairs，also known as the Palace Supervision Office，is an institution specialized in managing eunuchs，which belongs to the Imperial Household Department. The third of the Qiandong Five Abodes (also known as the North Five Abodes) is the House of Respectful Affairs.

　　宦官指经过阉割,失去正常性能力后进入皇宫侍奉皇帝及其家族的男性官员。宦官也被称为阉宦、阉人、刑臣、内侍、中官、太监等,尊之为公公,贬之为宦孽等。在中国,宦官制度出现于殷商时期。唐代以后,凡失去生殖能力的"中性人"都被统称为太监。

　　清朝之所以要设立敬事房,主要就是防止太监擅权。敬事房于 1677 年设立,负责管理太监、宫女及宫内一切事务。赵高、张让、高力士、李辅国、蔡伦、王振、魏忠贤、刘瑾、郑和、李莲英,是中国历史上的十大著名太监。

　　清代敬事房的太监主要负责管理宫内各处太监的甄别、调补、赏罚、收取外库钱粮及应行礼仪等事。大家对敬事房感兴趣,主要是因为它与"翻牌子"有关。宫廷剧中常常有这样一个桥段,就是太监会在皇帝晚饭后端来一个盘子,盘子里面摆放着写有嫔妃名字的牌子,供皇帝选择。皇帝将哪个牌子翻过来,

就说明皇帝晚上要到哪个嫔妃那里过夜。宫廷剧也会演出嫔妃们如何通过贿赂敬事房太监得到"翻牌子"的机会:太监会将某位嫔妃的牌子放在显眼的位置使其得到更多被翻的机会,而有的嫔妃的牌子会被太监事先拿走,以至于失去了被翻的机会。

内务府

清代内务府是清代国家机构中职官人数最多、机构组织最为庞大的衙门,在维护清朝统治和专制皇权方面起到了十分重要的作用。

Imperial Household Department

The Imperial Household Department of the Qing dynasty was the government office with the largest number of professional officials and the largest organization in the state institutions of the Qing dynasty, which played a very important role in maintaining the rule and autocratic imperial power of the Qing dynasty.

内务府位于武英殿以北、慈宁宫以南。管理银库的广储司设在宫中,其余六司都在西华门外。三院中上驷院设在宫中。

内务府全称"总管内务府",是清朝独有的机构,职官多达3 000人,就人数而言,是六部中人数最多的户部的10倍,是清朝规模最大的机关。内务府主要职能是管理皇家事务,如日膳、服饰、库贮、礼仪、工程、农庄、畜牧、警卫扈从、山泽采捕,还把持盐政、分收榷关(征收关税的机构)、收受贡品。

说到内务府,不得不说说清朝的包衣这一特殊群体。包衣在满语中是"包衣阿哈","包衣"意思是"家的","阿哈"意思是"奴隶",所以包衣就是"家奴"的意思。虽然包衣的地位卑微,由于所服务对象的地位不同,包衣的地位也会有所不同。

八旗制度的确立,尤其是上三旗与下五旗的划分使得内务府包衣(上三旗)和下五旗包衣出现了。清朝为了避免太监专政的出现,内务府事物不再由太监插手,而是全部交给了包衣。内务府所辖之上三旗包衣除佐领、管领外,还包括庄头旗人。

"房新树小画不古,此人必是内务府。""房新"是指内务府的职务是个肥差,可以很快买上房子,成为暴发户。"树小"是说树是新种的,还没有长大。"画不古"是在讽刺内务府的人出身卑微,才识浅薄,不识名画。内务府的差事的确是个肥差,内务府可以直接决定一个内廷中嫔妃的生活质量。不得宠的嫔妃,内务府就捡最差的吃食、最差的炭给送去,分配物资时也是最后发放;而得宠的嫔妃,内务府的人就会百般"孝顺"。皇家的后勤管理着无数的山珍海味、绫罗绸缎、稀世珍宝,内务府的人从中拿点卖点都是常有的事,尤其是内务府中职位比较高的人,要想成为暴发户也是指日可待的。

能担任内务府总管职务的,要么是皇亲国戚,要么是功臣后代,要么是皇帝特别信赖的人,最熟悉的莫过于傅恒与和珅二人。傅恒为清朝开国功臣之后、富察皇后的亲弟弟,而和珅则是因为个人"业务能力出众"。晚清的内务府就是贪腐亡国的生动教材。

清朝曾明令禁止内务府官员与外朝官员之间交往。但在康乾时期,内务府一些包衣通过科举、荫叙(亦作"荫序",指受先世的荫庇而叙录为官)、捐纳(人们所说的卖官鬻爵)等方式逐渐摆脱了内务府的控制,走向外朝。后宫、内务府和前朝往往形成了一个紧密联系的势力圈。

内务府下设有广储司、会计司、掌仪司、都虞司、慎刑司、营造司、庆丰司等机构。

广储司是内务府中比较大的衙门,主要掌管六库事物,比如验收钱粮地租、验收贡品、置办婚嫁物品、制造宫中器物。会计司的主要工作是验选太监、宫女、乳母等。都虞司主要负责内务府所属武官的任免补升等。掌仪司是宫廷礼仪部门,主要负责祭祖、祭神、祭天等工作,还负责帝后的葬礼等事宜。营造司主要负责修缮和供应薪炭等工作。庆丰司的工作主要是管理京城内外牛羊圈和牧场等。慎刑司主要负责审理各种案件,包括内务府、文武官员、太监等的案件,还负责犯人的监禁和发配等工作。

宗人府

宗人府是官署名,是中国明清时期管理皇家宗室事务的机构。宗人府主要掌管皇帝九族的宗族名册,按时编纂玉牒,记录宗室子女嫡庶、名字、封爵、生死时间、婚嫁、谥号、安葬的事等。

Court of Imperial Clan

Court of the Imperial Clan is an official name. It was the institution that manages the affairs of the royal families in the Ming and Qing dynasties. The Court of Imperial Clan is mainly in charge of the clan roster of emperors' nine clans, compiling Yudie (Imperial Genealogy) on time, record clan children family origin, name, title, time of birth and death, marriage, posthumous, burial, etc.

宗人府的规章制度,一般对皇室成员有两个作用:限制和保护。首先,约束皇族人员的权力。明朝时期,皇帝给予宗室成员的权力比较大,比如加爵列土。明朝的宗室成员有了自己的领地和军队,最后发展到足以与中央抗衡的地步。朱棣就是一个例子,最后直接取代了皇帝,坐上了皇位。清朝政府吸取了明朝的教训,对宗室实行"不赐土,而其封号但予嘉名,不加郡国"的政策,以防其权力过大。此外,清朝还颁布了一系列"毋许"的条例来对宗室成员的权力加以限制,例如"王公毋许游观禁地""王公毋许与外人交接请托""王公毋许与内廷太监往来"。王室对普通宗室、觉罗也有很多的限制,比如不许擅自离京,若一定要离京,务必报宗人府批准,而且报请的程序非常繁复。宗室的婚姻也会受到皇帝的限制,他们的婚姻对象必须是自己的族人,这是为了保证自己民族血统的绝对纯净。宗人府还规定了宗室成员的等级,尊卑嫡庶、长幼大小必须明确,并按礼制规定行事。总之,为了保证皇权的稳固,皇帝对宗室成员的限制非常严苛,一旦有违令者,会按照相关的制度进行责罚。宗人府也对宗室成员的日常行为有所约束,宗室成员不可做出任何有违公序良俗或者法律的行为,否则会受到严惩。虽然说是严惩,但是宗室犯错或者犯法,所受到的惩罚要比普通百姓轻得多,这也是对宗室成员的保护。一旦宗室成员或者觉罗犯法,都是由宗人府和刑部或户部等部门一起处理。例如,宗室成员或者觉罗在婚姻制度上犯了法,相关处理部门应该是户部。但是宗人府总是会参与进去,不会让户部单独来量刑处置。有了宗人府的参与,处理结果难免偏颇,这就是对宗室成员的保护。宗室成员所受的刑罚也很轻,一般是苔杖,再重一些,就是圈禁。他们的苔杖是可以用"养赡银"来代替的。至于圈禁,也不是真正意义上的圈禁,虽说是住在宗人府的"空房",但是"空房"也不会上锁,更不会设禁卒。每日吃食如常,甚至可以带自己的仆人一起住在"空房"里。

太医院

太医院始于金代，在元代成为全国最高医药卫生管理机关。明清两代继承元制，太医院负责宫廷医疗保健与国家医政的管理工作。

Imperial Institute of Medicine

Imperial Institute of Medicine came into being in the Jin dynasty and became the highest medical and health management organization in the country in the Yuan dynasty. The Ming and Qing dynasties inherited the Yuan system and the Imperial Institute of Medicine was still responsible for the management of the court medical care and national medical administration.

1442 年，大明门（现毛主席纪念堂的位置）东侧新建多处官署，太医院署也在这里修建。清朝定都北京后，太医院仍设于此。其确切地点是天安门前的钦天监之南，礼部正东，即现在的东交民巷西口路北附近。

太医院设院使一人，是院署的主要负责人，主管医疗和行政事务。另有左判院、右判院各一名，是院署的副主管官员。另设御医和吏目品级，这些都属于院署的干部层次，有三四十人。另有医士、药剂以及文案等八九十人。虽不同时期人数有所增减，但大体如此。

太医院的太医来自全国各地，从民间医生以及举人、贡生等有职衔的人中挑选精通医理、情愿为宫中效力的人，量才录用。如康熙年间，北京同仁堂创始人乐显扬曾任太医院吏目一职。

太医院的太医不只是侍奉皇帝，还要为各亲王府、公爵府第或其他文武臣工诊治。军旅需医以及朝廷文武会试这类大型活动，甚至刑部监狱等，都需太医院提供医疗保障，有时也象征性地对民间开展医疗活动。太医院还承担着培养医学人才的职责，教师全是太医院的优秀医官。所以太医院的医者有一部分是从民间选取的，有一部分是自己培养的。太医院的教学内容主要是医学经典和中医各专科的著作。

太医院有专业医务人员，称医士、医生。医士的地位高于医生。太医院按医术分类设科。院内医术分十三科(大方脉、小方脉、妇人科、针灸科、眼科、口齿科、正骨科、伤寒科、咽喉科、按摩科等),太医院分科如此细密,说明明朝医学有了长足的发展。太医院的御医依据专科,分班轮值,在后宫中称为宫直,在外朝称为六直。影视剧中我们经常会看到太医随叫随到的画面,现实确定如此。不管是宫直还是六直的太医,都在自己所在的班房轮流值班,以保证随叫随到。

《明史·职官志》记载,给皇帝看病主要程序是由院使、御医和太监三方组成班子,共同承担责任,相互监督。三方共同进行诊断、选药、煎药、尝药和脉案存档备查这一系列的程序。煎药时同时煎两剂药,一份给御医和太监先尝,另一份送给皇帝服用。

药房设药库储存药材。药材按定例给价,由药商采办,内药房医生切造炮制。清宫药房名目繁多,如御药房、寿药房、东药房、西药房、内药房、外药房、乾清宫药房、长春宫药房、永和宫药房,药房有储药、煎药、配制药品等职能。

给皇家看病责任重大,太医院每一个诊断,每一个下药的方剂都要封存在内务府的卷宗里,问责制可以追溯到永远。这些太医院的医师圣手,每一次诊断都是战战兢兢,如履薄冰,稍有不慎就会被降罪甚至失去性命。所以,对太医们来说,四平八稳,不求有功,但求无过,就成了他们的最高追求,所以他们在用药上遵循温和,剂量轻微,所以有时治疗效果不明显。

养心殿

养心殿始建于明代嘉靖年间,位于内廷乾清宫西侧。清代有 8 位皇帝先后居住在养心殿。养心殿南北长约 94.8 米,东西宽约 81.3 米,占地约 7 707 平方米。

Hall of Mental Cultivation

Hall of Mental Cultivation was built in Jiajing period of Ming dynasty, and is located on the west side of Palace of Heavenly Purity in the inner court. Eight emperors lived in Hall of Mental Cultivation in the Qing dynasty. Hall of Mental Cultivation is about 94.8 meters long from south to north and 81.3 meters wide from east to west, covering an area of 7,707 square meters.

养心殿的名字出自孟子的"养心莫善于寡欲"。养心殿是一个工字形的建筑，与现在的四合院非常相似。养心殿面积不大，更有利于安保工作。养心殿明间正中的位置悬挂雍正御笔"中正仁和"。东暖阁是慈禧垂帘听政的地方，西面有几个小室，其中一间就是著名的三希堂。顺治帝经常在养心殿休息。康熙帝居住在乾清宫，但是他将养心殿打造成了造办处，请了全国的能工巧匠，专门打造皇家御用物品。康熙去世之后，雍正没有住进乾清宫，而是搬到了养心殿，他的理由是避免在乾清宫睹物思人。养心殿的地位越来越高，成了政治的中心。

其实每个皇帝对于宫殿的设置和运用都是不同的，明代的时候养心殿是一个休养生息的地方，但是到了清朝，这个地方就变成了皇帝的寝宫和政治的心脏。

三希堂

三希堂位于养心殿的西暖阁，原名温室，后改为三希堂。三希堂是乾隆帝的书房，也是其作为养心殿主人留下的最明显的标志。

Room of Three Rare Treasures

Room of Three Rare Treasures, located in the Western Chamber of Hall of Mental Cultivation, was formerly known as the Warm House and later changed to Room of Three Rare Treasures. It was the study room of Emperor Qianlong and the most obvious symbol left by him as the master of Hall of Mental Cultivation.

古文中"希"同"稀"，"三希"即三件稀世珍宝。在当时，这两层含义是并重的。乾隆帝文韬武略、博学多识，能诗词，尤擅书法，曾多次在全国寻求历代大家的名帖。1746 年，在此收藏了晋朝大书法家王羲之的《快雪时晴帖》、王献之的《中秋帖》和王珣的《伯远帖》。这三件古代墨宝，被乾隆帝所珍爱，特意贮存在此，不时把玩。

后来"三希"在近代经历颠沛流离。1951 年离宫之后四易其主的《中秋帖》和《伯远帖》被国家收购后送还故宫，藏于北京故宫博物院至今，此时距离此"二希"离开紫禁城已经整整过去了 27 年，三希堂依然保留着当年的样子，第"三希"却没能一起回来。命运多舛的《快雪时晴帖》漂泊了大半个中国，最终流落到了台湾，目前藏于台北故宫博物院，在台北有三希堂的复制品。

王羲之的《快雪时晴帖》为唐人摹本，行书 4 行，共 24 字，是王羲之 40 岁之后的作品，也是王羲之传世代表作之一。当时只是手札便条而已，因帖内有"快雪时晴"几字而得名。此帖用笔洒脱，字体舒朗，动中有稳，是王体行书中的精品，被后人称有"龙跳山门，虎卧风阁"之势。

"羲之顿首：快雪时晴，佳。想安善。未果，为结。力不次，王羲之顿首。山阴张侯。"

大意就是"王羲之拜上：快雪过后天气放晴，佳妙。想必你可安好。事情没有结果，心里郁结，不详说。王羲之拜上，山阴张侯启"。

王珣的《伯远帖》全文 6 行，共 47 字，属典型的晋代行书。其内容为叙事之辞，该帖的命名出自贴内首句的"伯远"二字。《伯远帖》用笔灵舞飞动，为上乘的行草作品。

王献之的《中秋帖》无款，传为王献之书，亦有人怀疑是宋代米芾的临本。

王羲之被人们尊称为"书圣"，而王献之则被称为"小圣"。

乾隆帝是古往今来搜罗最富的收藏家和鉴赏家之一，同时在诗词、曲赋、书法、绘画、音乐上都有很深的造诣。身为帝王而有如此才华，加上天下太平能游历神州，真是不虚此生，在帝王群里也堪称"个中翘楚"。他又是帝王中少有的高寿者，因年事已高祭天时在天坛留下的"古稀门"，也成为一段佳话。

乾隆还是世界上产量最多的诗人。他一生作诗 4 万多首，而《全唐诗》作者 2 200 多位，一共才 48 000 余首。同时他还是一名语言学家，其语言能力超群，精通满语、汉语和蒙古语，藏语和维吾尔语也达到了"能之"的程度，这在古代帝王中是绝无仅有的。

钟表馆

故宫钟表馆设于紫禁城当中。清乾隆年间，宫廷中已经大量使用以发条为动力的机械钟表。清宫收藏的各式钟表，主要是乾隆和嘉庆年间在广州、苏州和宫内做钟处制造，部分是英国、法国、瑞士等国出产。钟表馆设在景运门外的奉先殿内，共展出 18 世纪中外制造的各式钟表 123 件。

Hall of Clocks and Watches

Hall of Clocks and Watches is located in the Forbidden City. During the Qianlong period, mechanical clocks and watches powered by clockwork were widely used in the court. All kinds of clocks and watches collected by the Palace Museum were mainly made in Guangzhou, Suzhou and the clock-making place during Qianlong and Jiaqing years, and some of them were produced in Britain, France, Switzerland and other countries. Hall of Clocks and Watches is located in Hall for Ancestral Worship outside the Jingyun Gate. A total of 123 clocks and watches made at home and abroad in the 18th century are on display.

第一类是清宫做钟处的钟表。西方钟表17世纪初传入中国后,有记载说,顺治帝曾经让工匠仿制钟表,但当时的发条质量不太好,所以钟表走时并不准确。到了康熙时期,宫廷里专设了一个机构叫作自鸣钟处,是为皇帝收藏、制作、保养钟表的地方。制作钟表的人包括一些西方来的传教士,此时宫廷的钟表制作已形成了一定的规模。到了乾隆时期,清宫钟表的制作已形成了一条从西洋传教士、外部的匠人,一直到做钟太监的非常稳定的基础梯队,钟表制作已达到相当高的水平。做钟处的钟表制作具有非常鲜明的中国特色,用料考究,雕刻精细。中国制造的钟表多以黄金、珠玉、宝石为装饰,造型模拟楼阁、宝塔、花果、盆景等。尤其是木质楼阁式表,所用的基本木料包括红木、紫檀木等。宫廷可以利用的资源很多,木匠有南木匠、广木匠,还有精工、玉匠等,这些能工巧匠各施技艺,在一件件钟表上体现出来,这是做钟处一个非常重要的特点。

钟表馆里的"明星"是一座产自18世纪末的铜镀金写字人钟。此钟通高2.31米,外观如同一座精巧的四层楼阁,亭柱和屋脊上还有精工雕饰的花草和小动物。顶层圆形亭内,有两人手举一圆筒作舞蹈状,启动后,二人旋身拉开距离,圆筒展为横幅,上书"万寿无疆"四字。第二层有一敲钟人,每逢报完3、6、9、12时后便奏乐报时。第三层是钟的计时部分。底层是写字机械人,为欧洲绅士貌,单腿跪地,一手扶案,一手握毛笔,开动前需将毛笔蘸好墨汁,再启开关,写字人便在面前的纸上写下"八方向化,九土来王"八个汉字,字迹工整。写字的同时,机械人的头随之摆动,是此钟最精彩新异、结构最繁复的部分。这件精美的大型钟是英国伦敦的威廉森专为清宫制作的。但在参观时并不能看到钟表实际启动,只能听讲解。

第二类是通过贸易和其他渠道由国外流入的钟表。15 至 16 世纪,随着东西方航路的开辟,西方的宗教文化也传到了世界各地。西方传教士在中国传教的过程中发现,许多中国人对他们带来的西方的一些新奇的东西特别感兴趣,这其中就包括钟表。一些精明的人把目标瞄准了中国的皇室宫廷。他们觉得,在中国,皇帝是至高无上的,如果皇帝信了教,自然可以有更多的人来信教。在早期的西方传教士进入中国的过程中,钟表成了他们手中的一块"敲门砖"。据初步统计,从康熙到乾隆年间,仅俄国使团送给中国皇帝的钟表就有二三十件。

第三类是臣工进献的钟表。每当重大的节日或是帝后的寿辰,各地官员都要送一些礼品,钟表在清代也就成为各地官员进贡的重要物品。

这些钟表除打时打刻的计时功能外,还利用机械联动原理,使上面装饰的人物、鸟兽、花卉等不断变化,表现出各种动作。它们以准确的报时、精美的造型、绚丽的色彩、优美的音乐、逗人的演技、吉祥的寓意而博得帝后们的喜爱,成为宫殿中珍贵的陈设装饰。钟表在当时既是有实用价值的计时器,又是取悦于人的娱乐用具,同时也是精美的工艺品。

值得一提的是,北京故宫博物院的钟表收藏居于世界首位,代表着 18 至 20 世纪初世界钟表发展的最高成就。这些瑰丽绚烂的钟表,无论是从机械和科技价值、工艺美术价值,还是社会文化价值来说,都是不可多得的珍品,它们不仅是世界文化交流的历史见证,也是人类文化艺术遗产的一部分,值得我们永远珍视。

角楼

紫禁城的四角各有一座角楼,其结构之复杂、形态之奇特至今令人叹为观止。

Turrets

There is a turret in each corner of the Forbidden City. Their complex structure and peculiar shape are acclaimed as the peak of perfection so far.

传说,朱棣决定将都城由南京迁到北京时,要求管工大臣在新都城的四角各建一座角楼。关于角楼的建筑特点,朱棣也做了严格的规定,那就是角楼必须是九梁十八柱、七十二条脊。管工大臣接到命令后便与身边的工匠筹划开工,但是对于朱棣所要求的九梁十八柱和七十二条脊却百思不得其解。眼看着朱棣规定的完工日期越来越近了,工匠们变得越来越烦躁。其中一位工匠更是坐立不安,便到街上散心。这位工匠在街上闲逛时看见了卖蝈蝈的人挑着蝈蝈笼子在叫卖,觉得很有意思就买了一只蝈蝈回来。回到住处,工匠的烦闷并没有得到任何消解,就开始观察起蝈蝈笼子来。正是出于一个工匠的本能反应,他突然发现了蝈蝈笼子的构造正是九梁十八柱、七十二条脊。工匠喜出过望,终于可以保全自己的性命了。

角楼采用减柱法(在保证左右平面对称的情况下,有时建筑会减去或移动部分内柱,以获得更开阔的空间,这种手法被称为减柱法或移柱法),室内减去4根立柱扩大了空间面积。在房屋构架上采用扒梁式做法,檐下梁头不外露,使外观上更加突出装饰效果。

九梁十八柱和七十二条脊很好地利用了"九五至尊"中"九"这个数字和它的倍数,显示了皇权的至高无上。

角楼并不是真正的楼,从它的外观看,三重檐飞翘的屋檐,层层叠叠共计有28个翼角、16个窝角、28个窝角沟、10面山花、72条房脊。但是当你进入角楼的里面就会发现,屋内干净利落,没有一根落地的柱子,更没有楼梯、楼层。角楼整体造型复杂,飞檐起翘,参差错落,层层叠叠,高低起伏。门窗和彩绘在红色和金色的主色调的映衬下,更显精致细腻。

角楼是一种用于城市防御的特殊建筑,它分布在城墙四隅,可供防御者登临瞭望敌情。因为地处皇城,所以紫禁城角楼更侧重造型和外观,富有装饰性。

禊赏亭

禊赏亭建于1772年。亭坐西面东,坐落于须弥座平台上,面阔3间,进深3间,前出抱厦。抱厦内地面凿石为渠,渠长27米,曲回盘折,取"曲水流觞"之意,称"流杯渠"。渠水来自亭南侧假山后掩蔽的水井,汲水入缸,经假山内暗渠流入渠内。

Appreciation Pavilion

The Appreciation Pavilion was built in 1772. It sits on the west, facing east on a Sumeru platform, with a width of 3 bays and a depth of 3 bays. It has a veranda in front, and the inner surface of veranda is carved with stone as a canal. The canal is 27 meters long, and the winding channel is folded, so it is called "Flowing Cup Canal" with the meaning of "winding water flowing". The water in the canal comes from the well sheltered behind the rockery on the south side of the pavilion and is pumped into the tank, flowing into the canal through the culvert in the rockery.

禊赏亭的内外均饰竹纹,以象征王羲之兰亭修禊时"茂林修竹"之环境,烘托了建筑主题。亭前垒砌具有亭园情趣的山石踏步,亭檐下以刻有竹纹的汉白玉栏板围护,渲染了幽雅闲适的意境。

公元 353 年 3 月 3 日,王羲之与他的朋友在兰亭举行聚会,这里面包含了谢安、孙绰等人。众人依次坐于河边,放入水中的酒杯与流水相伴,在谁的面前停留,谁就要作诗一首,就是这样一场聚会中,王羲之写下了《兰亭集序》。

王羲之以《兰亭集序》奠定了其书圣的名号。《兰亭集序》被誉为天下第一行书,通过文字营造出的类似于陶渊明"采菊东篱下,悠然见南山"的世外桃源的地方,与其行书之中的千变万化,让人无限神往,以至于这场在当时也不过只是一场普通的聚会却让后人念念不忘。

禊赏亭的取名灵感来自王羲之《兰亭集序》中的"修禊事也"一句,意在表明乾隆帝的文人雅趣。众所周知,乾隆帝一生写过 4 万多首诗,平均一天要写 2 首诗,而且还是每天都要写。在宁寿宫花园里,每一座建筑上都刻有乾隆所写下的诗句文章,禊赏亭作为花园的核心建筑,自然也刻有乾隆的笔墨。

九龙壁

九龙壁位于紫禁城宁寿宫区皇极门外。壁长 29.4 米,高 3.5 米,厚 0.45 米,是一座背倚宫墙而建的单面琉璃影壁,为 1772 年烧造。

Nine Dragon Screen

Nine Dragon Screen is located the outside of the Gate of Huangji in the

Ningshou Palace District in the Forbidden City. The screen is 29. 4 meters long, 3. 5 meters high and 0. 45 meters thick. It is a one-sided glazed shadow screen built against the palace wall，and was built in 1772.

紫禁城内的九龙壁与我国山西大同九龙壁、北京北海公园九龙壁合称为"中国三大九龙壁"。

九龙壁是乾隆帝展示国家富强昌盛的体现。修造九龙壁时,烧制琉璃的工人们百般小心,生怕出一点差错,但在最后一天修建时还是出现了一个差点使得全部工匠丧命的事故。一个小工匠搬琉璃时,不小心将其中一条白龙的腹部琉璃片打碎了。琉璃并没有预留,但工期即将结束,已经来不及再烧制新的琉璃瓦。就在此时,一位能工巧匠想出一个绝妙办法,使用上好的金丝楠木做出一个龙腹样子,并刷上上好的白漆,最后以假乱真冒充那块打碎的琉璃瓦。工程完成后,乾隆帝亲自检查,并没有发现任何差池,如今这块历时 200 多年的楠木逐渐褪色,大家才发现了这个瞒天过海的秘密。

畅音阁

畅音阁是清宫中最大的剧院。在中国古代,看戏是皇宫里的主要娱乐活动。在新年、立春、元宵节、端午节、七夕、中秋节、重阳节、冬至、除夕等节日,以及皇帝登基、皇帝或皇后生日聚会等重要庆祝活动期间,都会上演戏剧。

Belvedere of Pleasant Sound

Belvedere of Pleasant Sound is the largest theater in the Palace. In ancient China，enjoying plays was the major entertainment in the imperial palace. Plays were put on stage during festivals like the New Year，the Beginning of Spring，the Lantern Festival，the Dragon Boat Festival，Qixi Festival，the Mid-autumn Festival，the Double Ninth Festival，the Winter Solstice，the New Year's Eve，as well as important celebrations like the enthronement of the emperor and the birthday party of the emperor or the empress.

1771 年,乾隆帝在紫禁城宁寿宫内建畅音阁,作为皇家大戏院。历经 5 年,这座高 3 层的皇家大戏院才修建完成。

畅音阁三重檐,通高 20.71 米,卷棚歇山式顶,覆绿琉璃瓦,黄琉璃瓦剪边,一、二层檐覆黄琉璃瓦。阁面阔 3 间,进深 3 间,与南边 5 开间扮戏楼相接,平面呈凸字形。上层檐下悬"畅音阁"匾,中层檐下悬"导和怡泰"匾,下层檐下悬"壶天宣豫"匾。内有上中下三层戏台,上层称福台,中层称禄台,下层称寿台。寿台面积 210 平方米,台内不设立柱,采用抹角梁。台面后部设有 4 座楼梯,接平台,上楼梯可抵达禄台。寿台北、东、西三面明间的两柱上方装饰鬼脸卷草纹木雕彩绘匾,惟正(北)面挂联:"动静叶清音,知水仁山随所会;春秋富佳日,凤歌鸾舞适其机。"台面中部设地井,盖板可开合。台下地面四角各有窨井一眼,南边中间有一眼水井,可为戏中表演喷水提供水源。禄台、福台均将前沿(北侧)作为台面,使观戏者抬头便可看到。三层台设天井上下贯通,禄台、福台井口安设辘轳,下边直对寿台地井。根据剧情需要,天井、地井可升降演员、道具等。使用三层台的剧目不多,绝大多数只在寿台上表演。

螽斯门

当乾隆帝听到蝈蝈的叫声时,不禁大喜,赋诗称赞:"雅似长安铜雀噪,一般农候报西风。"中国人自古就有养蝈蝈的习俗,到了明清,养蝈蝈更是普遍。蝈蝈笼不仅是故宫角楼的灵感来源,故宫里还有一个"蝈蝈儿门"。

Katydid Gate

When Emperor Qianlong heard the chirping of katydid, he couldn't help being overjoyed. He wrote a poem to praise: "The sound is as elegant as that of copper finches in Chang'an, and it can tell the coming of autumn for agriculture." Chinese people have the custom of keeping katydid as pets since ancient times. In the Ming and Qing dynasties, it became more common to keep katydid. Katydid cage is the source of inspiration for the turret. There is a "Gate of Katydid" in the Forbidden City.

在紫禁城内,螽斯门为西二长街南门,南向,北与百子门相对,南经如意门通养心殿,明代建。螽斯门建筑形式朴素,为一开间琉璃门,黄琉璃瓦歇山顶,檐下为绿琉璃仿木构件,装宫门两扇。

螽斯门的典故源自《周南·螽斯》：

螽斯羽，诜诜兮。宜尔子孙，振振兮。

螽斯羽，薨薨兮。宜尔子孙，绳绳兮。

螽斯羽，揖揖兮。宜尔子孙，蛰蛰兮。

螽斯是一种昆虫，指蝗虫（蚂蚱）、蝈蝈一类。它们繁殖力非常强，据说一次生八十一子，并且一年生两次或三次。诗中的"诜诜""振振""薨薨""绳绳""揖揖""蛰蛰"全部可以简单理解为繁茂、繁多的意思。全诗都在传达一个中心思想：蝈蝈呀蝈蝈，你的子孙真多呀！所以螽斯门意在祈盼皇室多子多孙，与东六宫的麟趾门相对应而取吉瑞之意。

清末，宣统帝溥仪为了骑车方便，将内廷部分街门和院落之门的门槛锯掉，其中包括螽斯门。锯下的门槛两端做出榫头，残留的两段门槛上再分别凿出卯眼，每到夜晚封门上锁之时，要将门槛装回原位，以保门禁的森严。

麟趾门

麒麟是中国古代传说中的瑞兽，相传雄性为麒，雌性为麟，合称为麒麟。麒麟既是祥瑞与仁爱的象征，又有"送子神兽"的美称。

Linzhi Gate

Kirin is the legendary auspicious beast in ancient China. According to legend, the male is Qi and the female is Lin, collectively known as Qilin in the Chinese language. Kirin is not only a symbol of good fortune and benevolence, but also has the laudatory name of "child-sending beast".

故宫是中国古代对称美建筑的杰出代表，它的对称不仅体现在宫殿建筑上，还体现在数量繁多的大门小门上。位于西二长街南门的螽斯门与百子门纵向相对，螽斯门与百子门又与东二长街南门的麟趾门和千婴门横向对称。

"麟趾"一词，通俗来讲就是麒麟的脚，出自《诗经》的《周南·麟之趾》，原是颂扬周文王的子孙知书达理，不违周礼，以善德行世：

麟之趾，振振公子，于嗟麟兮。

麟之定,振振公姓,于嗟麟兮。

麟之角,振振公族,于嗟麟兮。

据说麒麟有蹄不踏,有额不抵,有角不触,被古人看作仁厚优雅、至高至美的野兽,所以诗歌用麒麟来比喻文质彬彬的人。

中国民间普遍认为,祈拜麒麟可以生子。相传,孔子即将出生时,有麒麟吐玉书于他家门前,上写"水精之子孙,衰周而素王",其意思是说即将出生的孔子是永远的"王",即使没有王位和王权。

如今,我们依然用麒麟比喻具有优良品行的人。我们依然会称呼别家的孩子为"麒麟儿""麟儿""麟子"等以表示赞美,也常用麒麟来作为结婚生子时的祝福语。

螽斯门、麟趾门、百子门和千婴门,寓意相近的四个门是东西六宫主干路的南北门。这四个门,承载的是皇家所有成员甚至是举国上下的殷切希望和美好祝愿。

御花园

御花园位于紫禁城中轴线最北部,坤宁宫后方,明代称为宫后苑,清代称为御花园。御花园始建于1420年,曾有增修,现仍保留初建时的基本格局。全园南北长80米,东西宽140米,占地面积11 000多平方米。园内主体建筑钦安殿为重檐顶式,坐落于紫禁城的南北中轴线上,以其为中心,向前方及两侧铺展亭台楼阁。园内青翠的松、柏和竹之间点缀着山石,形成四季常青的园林景观。

Imperial Garden

Imperial Garden is located in the northernmost part of the central axis of the Forbidden City, behind Palace of Earthly Tranquility. It was called the Gonghouyuan in the Ming dynasty and the Imperial Garden in the Qing dynasty. It was built in 1420, and it has been renovated since then. Now it still retains the basic pattern when it was first built. The whole garden is 80 meters from south to north, 140 meters from east to west, and covers an area of over 11,000 square meters. Qin'an Hall, the main building in the garden, has a double-eaved roof, and is located on the south-north central axis of the Forbidden City. Taking Qin'an Hall as the center, pavilions spread forward on both sides. The verdant pines, cypresses and bamboos in the garden dotted with rocks form an evergreen garden landscape.

御花园有三大特色。其一,建筑布局对称而不呆板,舒展而不零散。其二,园中奇石星罗棋布,佳木葱茏,其古柏藤萝,皆数百年物,将花园点缀得情趣盎然。其三,彩石路面,古朴别致。园内甬路均以不同颜色的卵石精心铺砌而成,组成九百余幅不同的图案,有人物、花卉、戏剧、典故等。沿路观赏,妙趣无穷。

御花园原是为帝王后妃休息、游赏而建,但也有祭祀、颐养、藏书、读书等用途。

园内青翠的松、柏、竹间,点缀着山石,形成四季常青的园林景观。在这一优美恬静的花园内,矗立着很多明、清两朝遗留至今的参天古树。相传天一门内的那棵连理柏为乾隆帝所栽,也是御花园里唯一的连理柏,属于二级保护古树。它由两棵古柏形成,其双柏的主干正巧跨在北京的中轴线上,双干相对倾斜生长,上部相交缠绕在一起,而且相交的部位木质已融为一体,成为一棵树。

关于御花园的连理柏,还有一个妙景值得一看,就是如果从树的北面看树上西侧的一个大树枝,就会发现其扭曲处很像猴头。对此感兴趣的朋友不妨在去故宫参观时,观赏一番。

御膳房

御膳房位于南三所西侧,是清朝掌管宫内备办饮食以及典礼筵宴所用酒席等事务的机构,隶属内务府。

Imperial Restaurant

Located on the west side of Southern Three Abodes, the Imperial Restaurant is the institution in charge of the food preparation and banquets used by the ceremonies and other affairs in the Qing dynasty, and it belongs to the Imperial Household Departemnt.

明代的御膳房是设在金赛殿西配殿两侧的,即武英殿以北的地段,处于皇宫最重要建筑的上风方向。清朝膳事,沿袭明制。1679 年,御膳房失火延烧太和殿,造成极大损失。康熙帝下令对太和殿建筑进行防火改革,并将御膳房迁址至太和殿东配殿以东很远的下风方向,使皇宫安全系数大大增加。

据说皇帝吃饭时,每种菜品只吃一两口,即使是喜爱的食物,也绝不会多吃,因为皇帝不能让旁人洞悉自己的好恶。

铜狮

故宫的铜狮共有 6 处,分设在各重要宫殿门前。这些铜狮造型生动、栩栩如生。每对铜狮均左为雄狮,伸出右腿玩弄绣球,象征着统一寰宇;右为雌狮,伸出左腿爱护喜逗幼狮,寓意子嗣昌盛。

Bronze Lion

There are six pairs of bronze lions in the Forbidden City, which are set in front of important palaces. These bronze lions are vivid and lifelike. The male lion on the left, stretching out his right leg and playing with hydrangea, symbolizes the unity of the world; The right lioness stretches out her left leg to love and tease the cub, which means that the offsprings are prosperous.

在中国,狮子的造型在不同的朝代有不同的特征。到清代,狮子的雕刻已基本定型。《扬州画舫录》中记载,狮子分头、脸、身、腿、牙、胯、绣带、铃铛、旋螺纹、滚凿绣珠、出凿崽子。

太和门前有一对铜狮,东雄西雌,造型有西域风格。头和身子是圆的,底座是方的,寓意天圆地方。有 45 个发髻,寓意九五之尊。与后宫的狮子不同,这一对狮子挺腰、睁眼、竖耳。太和门前的铜狮是故宫最大的一对古铜狮,高 2.36 米,前后长 2.4 米,宽 0.7 米,基座高 2.04 米,总高 4.4 米。铜狮成双成对,左雄右雌。

内廷有 5 对鎏金铜狮,镀纯金,它们成双结对地被分别设置在乾清门、宁寿门、养性门、养心门和长春宫门前。

乾清门前的鎏金铜狮,挺立威武,造型别致,为明代所铸造。这两只铜狮子的耳朵是耷拉着的,而故宫其他的狮子,则都是立着耳朵。清朝皇家禁止臣子进入后宫,更严禁后宫干预朝政,严禁女人走到前朝去。这两座铜狮子的耳朵耷拉着,就是要警示后宫嫔妃和佳丽们,对于前朝的政事,要少听、少议论。

宁寿门前的鎏金铜狮,是乾隆帝让宫中造办处将 2 座旧天文仪器毁掉后,铸造成的一对铜狮,红铜用了 6 435 斤,5 次镀金用了 300 余两金子。

养心门前的鎏金铜狮小巧精致,自清雍正帝后,养心殿成为各朝皇帝处理政务和生活起居的重要场所,故将狮子陈设于此。

长春宫门前陈设的是一对不足 2 尺高的鎏金铜狮,清末慈禧太后在同治帝亲政后,曾移居长春宫,光绪帝及逊帝溥仪的妃子也都在这里住过,因此于此陈设狮子,这对狮子是东西六宫中唯一的一对。

铁缸

故宫共有铁缸 308 口,防火用。太和殿西侧,贞度门前的“大明弘治四年”铁缸最古老。太和殿两旁的铁缸为乾隆年制。一些缸被钻漏,是为了防积水、防蚊虫。

Iron Cylinders

There are 308 iron cylinders in the Palace Museum for fire prevention. On the west side of the Hall of Supreme Harmony, the iron cylinder made in the fourth year of the Hongzhi reign of Ming in front of Zhendu Gate is the oldest. The iron cylinders on both sides of the Hall of the Supreme Harmony were made during the Qianlong reign. Some iron cylinders were drilled to prevent water accumulation and mosquitoes.

轩辕镜

轩辕镜悬挂在紫禁城建筑中的龙椅之上,大致有驱邪和宣示帝王正统的含义。

Xuanyuan Mirror

Xuanyuan mirror hangs on the emperor throne in the buildings of the Forbidden

City, which has the meanings of exorcising evil spirits and proclaiming imperial orthodoxy.

在故宫中,凡是龙椅的正上方皆有盘龙藻井,藻井上雕刻着一条龙,龙嘴下面叼着一个晶亮的圆球,称为轩辕镜。球为铜胎中空,外涂水银。我国五帝之首黄帝,姓公孙名轩辕,又被称为轩辕黄帝。据《本草纲目》记载,最早的镜子是轩辕黄帝所造,或是尧帝的臣子尹寿所铸。龙椅上方悬挂轩辕镜,是用来表示宝座上的皇帝都是轩辕的后代,是黄帝正统继承者。轩辕镜也被称为照妖镜,据说它可以分辨真假天子。袁世凯登基时,因为心虚害怕轩辕镜会掉下来砸死自己,于是下令将龙椅往后移了3米。在故宫中我们见到的龙椅仍旧是向后移3米摆放的。

今天民间还是有人相信镜子的驱邪作用,也随处可见有人将镜子悬挂于窗户、门等处用来保佑平安。

龙椅

皇帝的宝座叫鎏金雕龙木椅,象征至高无上的封建皇权,样子与平常座椅不大一样:有一个"圈椅式"的椅背,4根支撑靠手的圆柱上蟠着金光灿灿的龙。底座不采用椅腿、椅撑,而是一个宽约2.5米、进深1米多的"须弥座"。须弥即指须弥山,在印度古代传说中,须弥山是世界的中心。另一说指喜马拉雅山(又名大雪山)。其侧面上下凸出,中间凹入。用须弥山做底,以显示佛的神圣伟大。整个宝座周围盘旋着13条金龙。

Emperor's Throne

The emperor's throne is called gold-painted carved dragon wooden chair, which symbolizes the supreme feudal imperial power. Its appearance is different from that of ordinary seats: there is a round-backed armchair, and four columns supporting armrests are covered with golden dragons. Instead of legs and supports, the base is a "sumeru seat" with a width of about 2. 5 meters and a depth of more than 1 meter. Sumeru refers to Mount Sumeru. In ancient Indian legends, Mount Sumeru is the center of the world. Another refers to the Himalayas (also known as the Big Snow Mountain). Its sides are convex, and its middle is concave. Mount Sumeru used as the base is to show the sacred greatness of Buddha. There are 13 golden dragons hovering around the whole throne.

传说，朱元璋还是一个孩童的时候，与小伙伴一起在山上游玩。在山上遇到一把石头做的椅子，朱元璋和小伙伴们就轮流到椅子上坐一坐。然而奇怪的是，其他人坐的时候都会从石椅上滑落下来，唯有朱元璋不会。这个故事的真假不得而知，但是龙椅作为皇权的象征却由来已久。太和殿里的龙椅看上去金灿灿的，但是它不是金子打造的，而是采用最好的金丝楠木做成的。金丝楠木的优点非常多。首先，它会散发出淡淡的幽香，是难得有香气的木头。其次，金丝楠木木质非常坚硬，由金丝楠木做成的家具耐磨、抗腐蚀性强，由它做成龙椅，无论气候如何，都不会轻易被磨损或者变形。再次，就是金丝楠木性质温润，冬暖夏凉，是做椅子的绝佳选择。金丝楠木中的金丝并非真正的"金丝"，而是木头纤维的结晶。龙椅的做工也非常繁复，金漆的外面装饰有各种珠宝玉器，非常奢华。这里的金漆有可能是黄金做成的漆。古人把黄铜叫做金漆，所以这里的金漆也有可能是黄铜。

云龙阶石

云龙阶石在保和殿后面，重 270 吨，是故宫最大的石雕。石料来自北京房山，距离紫禁城 90 千米，当时运输时每 500 米挖一口井，泼水冻冰让石料滑行。2 000 头驴马，几万人拉了 28 天。

Yunlong Stepstone

Yunlong Stepstone is behind the Hall of Preserving Harmony, weighing 270 tons, and is the largest stone Carving of the Palace Museum. The stone came from Fangshan, Beijing, 90 kilometers away from the Forbidden City. At that time, a well was dug at 500 meters interval, and water was splashed and frozen to make the way slide. It took 28 days for 2,000 donkeys and horses and tens of thousands of people to pull the big stone to its destination.

云龙阶石是保和殿后面三层须弥座高台正中的御路。它长 16.57 米，宽

3.07米。云龙阶石是去故宫游览必看的景观,因为这是几万人智慧和汗水的结晶。云龙阶石这样巨大的单体石料实属罕见。但是比开采这样巨大的石料更难的是将这一石料运到紫禁城。在交通工具并不发达的 600 多年前,这个任务无疑是难于上青天。但是只要是皇帝想要的东西,怎能不得到满足呢?10 000 多名民工和 6 000 多名士兵,每天不分昼夜奋战,一边修路一边在每间隔 500 米的地方凿一口水井。到了冬季,从井里抽出水来,泼洒到路上,结成冰。20 000 名民工加上 2 000 头驴马,拖着一只旱船,载着这块 200 多吨的大石头,以每天 3 千米的速度,缓缓向紫禁城进发。历经 28 个昼夜,这块大石头终于来到了紫禁城。经过工匠们的雕刻,这块大石头下有 5 座宝山,上有 9 条飞龙,还伴有数不清的云霞,栩栩如生,气势恢宏。其实这块石雕是打算用在太和殿前面的,但是因为运输时估计错误,石头到达现场时,太和殿主体工程已经完工,石头无法穿过大门运至太和殿前面了,只能就近安置在了保和殿的后面。

乾清宫前的铜鹤铜龟

乾清宫前面的铜鹤与铜龟,分别铸在江山铜盘与海兽纹铜盘上。铜鹤的尾巴短而秃。铜龟伸首向前,独角,卧姿,尾巴尖朝下。乾清宫前的铜鹤、铜龟体量较太和殿前的小,头部较低。

Bronze Crane and Bronze Turtle

The bronze crane and the bronze turtle in front of the Palace of Heavenly Purity were cast on the Jiangshan bronze plate and sea animal pattern bronze plate respectively. The tail of the bronze crane is short and bald. The bronze turtle stretches its head forward, has a single horn, lies in a prone position, and its tail is pointed downward. The size of cranes and tortoises is smaller than that in front of the Hall of Supreme Harmony, and their heads are lower.

中国文化讲究谐音,善用比喻和暗喻。铜鹤、铜龟即同贺、同归的谐音。其文化象征是新朝鼎立、乾坤大定、普天同贺、万民同归。另外,在中国的传统文化中,龟与鹤都是长寿的象征。在这个意义上,又有龙龟、仙鹤之称,以及龟龄鹤寿、龟鹤延年之说。位于乾清宫露台上东西两侧的两组铜鹤、铜龟雕像,所象征的是江山万代千秋、社稷绵延久长,以及君主万寿无疆、皇族香火兴旺。君主的万寿无疆、皇族的香火兴旺,都是以其江山社稷的存在为前提的。与之相应,铜鹤与铜龟都立于象征江山、社稷的江山铜盘之内,铜龟脚下的铜盘之内是浪花翻滚的水纹,水面之上幼龟和鱼、蟹一同在水面戏水,呈现出一派生机盎然之象。

日晷

日晷是一种古老的计时器。中国古代是通过太阳投射到地面形成阴影以及地球围绕太阳转的原理进行计时的。

Sundial

The sundial is an old timepiece. In ancient China, it was timed by the principle that the sun casts shadows on the ground and the earth revolves around the sun.

太和殿和乾清宫前的丹陛上都有一个日晷。日晷是中国古代通过观察日影来确定时刻的计时器,它是在一个石制的圆盘中心插上一根铁针,针与圆盘保持垂直的角度。太阳在天空中的位置,通过铁针的投影指向圆盘的某一刻度便可知。日晷要放在较高的地方,以利于太阳光照射。日晷简单易用,但在使用上受到条件的限制,必须有太阳方可使用。如果遇上多云无阳光,或阴天、下雨和晚上就无法计时了。在明代,日晷不是日常生活中定时刻的工具,已成为表征皇帝拥有授时之权的礼仪之物。紫禁城中太和殿、乾清宫等需要表示皇权威仪的宫殿前都有日晷。

嘉量

嘉量,是我国古代的标准容器。古时嘉量是美好、善良、标准的意思。

Jar-metric

Jar-metric is the standard container in ancient China. In ancient times, jar-metric means fineness, kindness and standard.

　　嘉量是中国古代官方颁布的标准量器,用铜铸成。古人把藁谷称为禾,把大禾称为嘉禾,又把量禾的工具称为嘉量。藁,本义指多年生草本植物,茎直立中空,根可入药。亦称"西芎""抚芎"。也同"稾"或"稿",有禾秆、稿子、草稿之意。嘉量有斛、斗、升、合、龠五种容量。根据古制,二龠为合,十合为升,十升为斗,十斗为斛。因嘉量的体量不大,为陈设时与周围环境协调,故将嘉量置于石亭之中,石亭又放在一个汉白玉石须弥座上。汉白玉石须弥座的上部刻云纹,中部束腰处刻山石纹,下刻水纹,表征社稷。紫禁城中凡需要表示皇权威仪的宫殿前都陈设嘉量,表征皇帝拥有授量之权。

铜壶滴漏

　　中国古代计时器最常见的是日晷和滴漏。日晷太依赖于天气,而滴漏可以弥补这个缺点。所以日晷逐渐演变成了指代时间的礼器,滴漏则一直是中国古代宫廷的主要计时用具之一。

Bronze Clepsydra

The most common timepieces in ancient China were sundial and clepsydra. The sundial depends too much on the weather, but clepsydra can make up for this shortcoming. Therefore, the sundial has gradually evolved into a ritual instrument, and clepsydra has always been one of the main timing instruments of ancient Chinese courts.

　　滴漏也叫刻漏或漏刻,是古代中国在计时器上的最精确的发明。"漏"是指带孔的壶,"刻"是指附有刻度的浮箭。据史料记载,早在西周,我国就发明了刻漏,只不过那时候大多是泄水型漏刻,水从漏壶孔流出,漏壶中的浮箭随水面下降,浮箭上的刻度指示时间。这种泄水型漏刻会因为水的水压而影响到漏水的速度,从而使得计时不准确。后来为了解决这个问题,受水型漏刻便应运而生。受水型漏刻又称多级漏刻,所谓的多级漏刻是指使用多只漏壶,上下依次串联成为一组,每只漏壶都依次向其下一只漏壶中滴水。这样就避免了泄水型漏刻受到漏水速度的影响而产生的时间误差。可以说随着时间的推移,刻漏已经成了古人最精确的计时方式。

交泰殿内原只陈设了一座西洋大自鸣钟,后来乾隆帝在其东边陈设了一座由造办处制造的铜壶滴漏,与大自鸣钟相互呼应,一中一西,是互为补充的报时工具。

铜壶滴漏须每日运水注入,如遇寒冷天气,则无法注水,也就失去了报时的作用。随着西洋钟表的传入,铜壶滴漏作为礼器的成分越来越多了。

中轴线

从永定门到奥林匹克森林公园为北京市的中轴线,而从午门到神武门这一段则为北京故宫的中轴线。其实整个北京故宫都在北京市的中轴线上,从午门到神武门这一段可以称得上是北京中轴线上的中轴线了。这一南北垂直线全长7 500米,大致经过承天门、端门、午门、太和殿、中和殿、保和殿、乾清宫、交泰宫、坤宁宫和御花园,御花园在中轴线的尽头处同时作为底景起到了强有力的收尾作用。

Central Axis

From Yongding Gate to Olympic Forest Park is the central axis of Beijing, while from Meridian Gate to Gate of Divine Prowess is the central axis of the Palace Museum in Beijing. In fact, the entire Palace Museum is already on the central axis of Beijing, but the section from the Meridian Gate to Gate of Divine Prowess can be regarded as the central axis on the central axis. This south-north vertical line is 7,500 meters long, roughly passing through Chengtian Gate, Duan Gate, Meridian Gate, Hall of Supreme Harmony, Hall of Central Harmony, Hall of Preserving Harmony, Palace of Heavenly Purity, Hall of Union, Palace of Earthly Tranquility and Imperial Garden. Imperial Garden plays a powerful ending role as the bottom scene at the end of the central axis.

孔子曰:"君子中庸,小人反中庸。君子之中庸也,君子而时中;小人之中庸也,小人而无忌惮也。"意思是君子中庸,而小人违背中庸。君子之所以中庸,是因为君子可以随时守住中道,无过无不及;小人之所以违背中庸,是因为小人不明此理,无所顾忌,肆无忌惮。

孔子曰:"中庸之为德也,其至矣乎! 民鲜久矣。"意思是中庸这种道德,该是最高的境界了,人们已经缺乏它太久了。从孔子称"中庸"为至德,则可见他对这一思想的重视。中庸属于哲学范畴,也是道德行为的高度适度状态,是最高的德行。

中轴线事实上也是中国自古以来深受儒家文化"中庸之道"影响的结果。"中也者,天下之大本也;和也者,天下之达道也。致中和,天地位焉,万物育焉。"这样的理念自然而然造就了中轴线的重要地位,也决定了沿中轴线布局的建筑有着均衡和谐、包容统一的特点。

有中轴线从某种意义上便意味着左右对称,否则便无轴心可言。故宫的午门横跨中轴线,沿中轴线左右完美对称。从午门向北,以太和门为轴心,左有贞度门,与之对称的是昭德门。继续向北,左是弘义阁,对称的是体仁阁。再向北就是横跨中轴线的太和殿、中和殿和保和殿,三大殿左右是对称的六个门。然后向北是乾清宫、交泰殿和坤宁宫。三宫左右是对称的东西六宫。最后横跨中轴线的是御花园、钦安殿和神武门。这些是离中轴线比较近的对称建筑。距离中轴线比较远的对称建筑,要数武英殿和文化殿了。两所宫殿一武一文,沿中轴线完美对称。

中国建筑的中轴线对称式布局不仅能使观察者沉浸式地体会到建筑的对称美,从空间布局上来说,中轴线引领的大规模对称、均衡的建筑极易在视觉上形成冲击力,同时塑造出庄重严肃的空间氛围,进而使人们在精神层面迅速达到共鸣、产生感触。以故宫为例,漫步在其中轴线上,一股磅礴大气、和谐统一的美感伴随着目光所见油然而生,使人不禁产生敬畏之情。

故宫中建筑的很多特点和细节都体现了中国古代人民追求的礼制和等级制度。故宫的南北中轴线对称式的布局方式实际上体现了"中正无邪,礼之质也"的礼制文化。同时从功能布局上来看,中心轴线位置上分布的都是等级较高的建筑,如三大殿、后三宫,离中轴线越近的建筑,等级越高。

脊兽

脊兽是中国古代汉族建筑的屋脊上所安放的兽件。中国古代建筑主要是由木材建造,屋脊处木材交接处用瓦片覆盖,瓦片再由瓦钉固定,瓦钉的钉帽通常会做一些装饰,这些装饰慢慢演化为各种动物的形象。动物的数量标志着建筑的等级。动物的重量压住了下面的瓦片,以防大风将瓦片吹落。所以说脊兽既有美化的作用,又很实用。

Mythological Animal

The mythological animal is an animal piece placed on the roof of the Han nationality buildings in ancient China. Ancient Chinese architecture was mainly made of wood. The wood junction at the roof ridge was covered with tiles,which were then fixed by tile nails. The nail caps usually had some decorations,which gradually evolved into the images of various animals. The number of animals marks the ranking of the building. The pressure of mythological animals on the tiles can help prevent the tiles from falling off in the strong wind. Therefore,the mythological animal not only has the function of beautification,but also is very practical.

作为中国古代建筑之首,太和殿独享建筑形式最高规格的重檐庑殿顶,屋脊上排列的脊兽十样俱全,天下无二。这不仅标志着皇权至上,更体现了当时只有皇帝才配享受到"十全十美"待遇的观念。

除此以外,紫禁城里的其他建筑,也按照建筑规制安放着不同数量的脊兽,其中乾清宫和保和殿有9个,中和殿和坤宁宫有7个,妃嫔居住的东西六宫的屋顶上全部都是5个。

除装饰、寓意作用外,脊兽还被赋予了标志等级和避火防雷等功能。脊兽的种类也有着极其严格的等级制度,据《大清会典》记载,脊兽的排列顺序依次为龙、凤、狮子、海马、天马、押鱼、狻猊、獬豸、斗牛、行什。在它们的最前端,还有一个骑凤仙人。

仔细观察太和殿脊兽,居于首位的是骑凤仙人,关于它有两种传说。一种说法是齐国国君在一次作战失败后来到一条大河岸边,眼看走投无路,后边追兵就要到了,危急之中一只大鸟飞至眼前助其渡过大河,带来绝处逢生的好运。另一种说法是,这里的仙人是姜太公,他的坐骑即似兽非兽、似凤非凤的"四不像"。古人把它放在建筑脊端,也表示骑凤飞行,逢凶化吉。

龙代表皇帝。皇帝被称为"真龙天子"。龙的形象代表了皇帝的权威。

凤代表的是皇后,因为凤是百鸟之王。凤也象征吉祥和幸运。

狮子象征了勇猛威严。

海马亦称落龙子,象征忠勇吉祥,智慧与威德通天入海,畅达四方。在故宫里,只要是雕刻着海水花纹的汉白玉石面,都能在上面找到海马。

天马的意思是"神马",它与海马都是吉祥的象征物。天马两侧有羽毛,是一种能在空中驰骋的动物,比喻帝王超凡的能力。"天马行空"这一成语也恰恰印证了这一解释。可以用"天马行空"来形容人的思维敏捷、豪放不羁等特点。

押鱼是海中的异兽。押鱼是生活在水里的动物,所以它主要体现了人们对火灾的恐惧,希望押鱼是可以喷水灭火的神兽。

狻猊是龙九子之一,它的特点是长相似狮子,可以吞百兽,是可以保佑平安的神兽。

獬豸因为是独角的羊,所以也被称为"一角羊"。它是擅于辨别是非曲直的动物,用来象征公正无私。

斗牛是传说中的龙,有镇邪、护佑的作用。

行什因为排行第十而得名。行什是有双翅的猴面人身神兽,是消灾保佑平安的神兽。

这 10 种脊兽要么有鳞片,要么有羽毛,要么是野兽,虽然它们形态各异,但是都是吉祥的象征,表现了人们对自然的崇拜、对生活的期望、对灾难的恐惧等。

屋顶

清代屋顶样式主要分为重檐屋顶和单檐屋顶。重檐屋顶等级较高,从高到低依次是重檐庑殿顶、重檐歇山顶和重檐攒尖顶。单檐屋顶包括单檐庑殿顶、单檐歇山顶和单檐攒尖顶。还有很多其他的屋顶样式,例如悬山顶、硬山顶、四角攒尖顶。

Roof

Roof styles in the Qing dynasty can be mainly categorized into double-eaved roof and single-eaved roof. The double-eaved roof has a higher ranking than the single-eaved roof, and in descending order there comes double-eaved hip roof, double-eaved hip-and-gable roof, and double-eaved pyramidal roof. Accordingly, single-eaved roofs include singe-eaved hip roof, singe-eaved hip-and-gable roof, and single-eaved pyramidal roof. There are many other roof styles, for example, overhanging gable roof, flush gable roof, four-sided pyramidal roof.

庑殿顶是中国古代建筑中等级最高的屋顶,它的主要特点是"五脊四坡"。"五脊"包括 1 条正脊和 4 条垂脊,所以也被称为"五脊殿"。庑殿顶的前后左右四个面都有斜坡,四角翘起。庑殿顶在中国古代是最高权力和地位的象征,一般被用于宫殿和庙宇之中。歇山顶比庑殿顶等级低一个级别。歇山顶共有 9 条脊,其中包括 1 条正脊、4 条垂脊和 4 条戗脊。这种屋顶从侧面看,两条戗脊形成一个垂直于地面的三角区,叫作"山花"。"山花"的下面是两条垂脊形成的一个梯形地带,覆盖了正脊两端的屋顶。从字面上理解,歇山顶就好像是在屋顶的上面"停歇"了一座小山。攒尖顶的级别较歇山顶次之。这种屋顶没有正脊,只有垂脊。垂脊的数量通常是偶数,比如 4 条、6 条、8 条。也有一些亭台的攒尖顶没有垂脊。

重檐屋顶在等级上又高于单檐屋顶。重檐屋顶就是两层屋顶,有的建筑会是三檐屋顶。屋顶檐数的增加会使屋顶更有高度感、层次感和庄重感。

故宫中的屋顶大多采用黄色琉璃瓦覆盖,远远望去,连绵不断的屋顶气势恢宏。黄色屋顶也是皇权的象征。民间传说,故宫屋顶"鸟不落",所以也没有鸟屎,其实这个说法并不客观。黄色屋顶洁净光滑,在阳光的照耀下通常会反光,这些都是导致鸟类极少在上面停落的原因。再加上故宫屋顶比较高,即使有鸟屎也不容易被看见。学者们普遍认为,紫禁城的建造没有刻意考虑防止鸟栖息留排泄物这一问题,这完全是后人"想多了"。

斗拱

斗拱是中国古代汉族建筑特有的一种结构。在立柱和横梁交接处,从柱顶上加的一层层探出成弓形的承重结构叫拱,拱与拱之间垫的方形木块叫斗,合称斗拱,也作枓拱、枓栱。斗拱是中国古代建筑上特有的构件和形制,是较大建筑物的柱与屋顶之间过渡的部分。

Dougong

Dougong is a unique structure of ancient Chinese Han architecture. At the junction of the column and the beam, the arch-shaped load-bearing structure, which protrudes from the top of the column layer by layer, is called the arch, and the square wooden block between archs is called the bucket. It is called bucket arch (or Dougong). It is a unique component and layout in ancient Chinese architecture, and a transitional part between the columns and roofs of larger buildings.

斗拱在中国古代建筑中是比较常见的,尤其是在等级比较高的建筑中,它起着非常重要的作用。首先,斗拱具有非常强烈的装饰作用。斗和拱造型精巧,纵横交错排列,并带有五彩斑斓的颜色,就像一幅精美而繁复的画。其次,斗拱具有承重负载的作用。一座建筑中,屋顶会将重量传到斗拱上,斗拱又将重量传到支柱上,再由支柱将重量传到地基之中。这样,屋顶的重量就会被分解到一座建筑的几个部分中,对建筑的坚固性和稳固性起到了非常好的保护作用。最后,斗拱结构具有非常强的抗震功能。斗拱结构的接点不是刚接,这就保证了建筑物的刚度协调。当地震来临的时候,斗拱结构部分会随震动方向移动,从而消耗震动带来的能量,起到抗震的作用。

楠木

楠木是驰名中外的珍贵用材树种,是组成常绿阔叶林的主要树种。历代砍伐利用,致使这一丰富的森林资源近于枯竭。现存的多为人工栽培的半自然林和风景保护林,在庙宇、村舍、公园、庭院等处尚有少量的大树,但病虫危害较严重,也在相继衰亡。

Phoebe Bournei

Phoebe bournei is a well-known precious timber tree species at home and abroad, and the main tree species of evergreen broad-leaved forest. The abundant forest resources have been nearly exhausted due to the felling and utilization of the previous generations. The existing phoebe bourneis in China are mainly semi-natural forests and scenic protection forests which are cultivated by human beings. There are still a few big trees in temples, cottages, parks, courtyards, etc., but insect pests are seriously harmful, and they are also declining one after another.

楠木喜好温暖湿润的生长环境,所以主要生长在我国四川、贵州、浙江、云南等地的深山之中。楠木的生长周期特别长,通常在 50 年至 60 年之久,直径最长可达 2 米。漫长的生长周期和大量的光照等因素使得楠木具有质地坚硬、气味芬芳、耐腐蚀性强等优点。楠木是我国木材中的上等佳品,明清时期被大量用于紫禁城的建造。

明永乐年间,朱棣派遣官员到楠木出产地采运楠木木材。在交通非常不发达的 600 多年前,采运楠木木材是一件劳民伤财的事,是数万劳工的血泪史。首先采木工人要进到深山老林之中,选择可用树木。树木的选取非常讲究,除了够粗、够直之外,更要没有槽点。选好了树木之后,工人们就开始修路,以便将木材推下山。等到山洪暴发时节,工人们将选好的树木进行砍伐,然后沿着修好的路推下山,一直推进最近的河流之中,而这些河流最后都归于京杭大运河。京杭大运河中的木材顺流而下,最后流到北京通州的漕运码头,再由工人赶骡车将木材运到紫禁城。这一运输过程的各个关键点都会有朝廷派来的官员进行严格把守。这样大费周章的运输过程中,人力物力的消耗自不必说。据记载,进山采木的工人,有一半不能安全出山,会因为劳累或者受伤失去性命。据统计,紫禁城建造的十几年间,民工伤亡的数量达到了四位数,简直触目惊心。京杭大运河运输木材的过程中,也会有大约 20% 的木材不知所踪。楠木运到紫禁城后,还要经过再次的精检,最后能成为建筑栋梁的只有 1/5。这些木材还要经过几道工序才能进行使用,其中最主要的工序是浇灌和晾晒。

金丝楠木是楠木中的一种,属于楠木中的佳品。金丝楠木较普通楠木更加高大挺拔,质地更加坚硬,光泽度也更好。金丝楠木中的金丝是木质纤维的结晶体。金丝楠木多用于建筑和雕刻中,成品光滑温润,富有光泽,非常具有收藏价值。

金砖

1 块金砖 = 1 两金 = 明初 1 500 斤精米 = 清初 3 个县令 1 个月工资。1 个瓦工加上 2 个壮工, 1 天只能铺 5 块金砖。

Gold Brick

1 gold brick = 1 liang of gold = 1,500 jin polished rice in the early Ming dynasty = the sum of monthly wages of 3 county magistrates in the early Qing dynasty. A bricklayer and 2 strong men can only pave 5 gold bricks a day.

金砖又称御窑金砖,是中国传统窑砖烧制业中的珍品,是古时专供宫殿等重要建筑使用的一种高质量的铺地方砖。因其质地坚细,敲之若金属般铿然有声,故名金砖。

金砖烧制所用泥土主要来自苏州、扬州和临清等靠近运河的地方。这些地方因为临近运河,土质非常细腻,富含胶质,可塑性极强。临近运河,制成品可以直接运往北京。金砖的烧制过程非常繁复,需要 20 多道工序。首先是选土,选土的标准是"黏而不散,粉而不沙"。将土选好后,用水均匀浸润,再以人拉牲畜在泥上反复踩踏,再进行反复揉搓,去除其中的气泡,使之成为比较黏稠的泥,叫作"练泥"。练泥的过程大约需要 8 个月的时间。泥练好后,将其填充进木框中,再用平整的木板覆盖其上。每个木框上站 2 个人,走动将泥踩实。然后将砖坯阴干,入窑烧制。入窑烧制的过程更加复杂。首先用糠草熏 1 个月去除潮气;片柴(碎劈柴)烧 1 个月,棵柴(大块的整柴)烧 1 个月,松枝柴烧 40 天,共计 130 天才能出窑。出窑需要浇水 4 到 5 天进行降温,然后工人们将砖搬出砖窑。出窑的日子,砖窑内尘土飞扬,虽然进行了降温,窑内的气温依然比较高,工人们汗流浃背,其中有大量的女工。"货船泊岸夕阳斜,女伴搬砖笑语哗。一脸窑煤粘汗黑,阿侬貌本艳于花。"这首《竹枝词》描述的就是出窑时的场景。出窑后要将砖坯放进特质的桐油中浸泡百日,以延长其使用寿命,这样金砖就制作完成了。

金砖的铺设过程也是非常讲究的。首先要对每块金砖进行砍磨,使墁好的表面严丝合缝,这就是所谓的"磨砖对缝"。然后抄平铺泥、弹线、试铺,最后按试铺要求墁好、刮平,浸以生桐油,才算大功告成。故宫三大殿中的金砖,地面中间部分要求用 2 尺规格的金砖,侧面则用 1 尺 7 或者 1 尺 4 规格的金砖。砍磨规格为 2 尺的金砖,每天只能砍磨 3 块。而墁地时瓦工 1 人加壮工 2 人,每天只能墁 5 块。一块金砖从选材到制作完成,需要整整 2 年的时间,其中耗费了大量的人力物力,真的是"一块金砖一两黄金"。

故宫三大殿大约铺设金砖 8 000 块,都是朱棣年间制造的,其他的宫殿几乎没有金砖。今天,金砖的烧制工艺已经失传。2012 年,2 块朱棣年间的金砖被拍卖,共 80 万元人民币。

匾额

从宫廷建筑到府邸衙门,从寺庙观宇到楼台亭阁,集中国政治、文化、艺术等精华于一身的匾额无处不在。匾额是著名建筑和风景名胜的点睛之笔,是我国一种独特的集建筑、文学、雕塑和书法等于一体的艺术形式,千百年来盛行不衰。

Plaque

From palace buildings to government offices, from temples to pavilions and terraces, plaques that combine the essence of Chinese politics, culture and art are everywhere. Plaque is the crowning touch of famous buildings and scenic spots. It has become a unique art form in China that integrates architecture, literature, sculpture and calligraphy. It has been popular for thousands of years.

匾额上的内容有的是摘自经典书籍里的语句加以修改的,有的是书写的人即兴发挥的。匾额不但有装饰美观的作用,更有警醒和教育的作用。匾额几乎存在于故宫的每一个宫殿中。今天我们在欣赏这些匾额上的书法的同时,更加能感受到皇帝们想励精图治治理国家的殷切希望和决心。

太和殿正中的"建极绥猷"匾,为乾隆御笔。所谓"建极绥猷",是说天子要上体天道,下顺民意,用中正的法则治理国家。"极"是屋脊栋梁,"建极"就是要建立中正的治国方略。"绥"是顺应之意,"猷"为道,为法则。这块匾挂于太和殿中，正是说明了历代皇帝的治国理想。站在这方匾下，天天仰视，自然有心怀天下的使命感。

中和殿的"允执厥中"匾，依然是乾隆御笔。典出《尚书·大禹谟》："人心惟危，道心惟微，惟精惟一，允执厥中。"这里是舜告诫禹：人心危险难安，道心幽微难明，只有精心一意，诚恳地秉执其中正之道，才能治理好国家。"允执厥中"意为信守中正。

保和殿"皇建有极"匾，典出《尚书·洪范》："皇建其有极。"意为天子人君建立天下最高准则。

乾清宫"正大光明"匾，由顺治帝御笔亲题。这块匾之所以重要，不仅仅是由于顺治所题，更主要的是，这块匾的背后藏有决定国家继承人的"建储匣"。"正大光明"意为天地正大，日月光明。能行天地日月之道为圣王之德。

交泰殿"无为"匾为康熙所题，是道家思想的体现。老子云："道常无为而无不为。"又云："圣人处无为之事，行不言之教。"康熙题"无为"，意在告诫帝王要顺应天道，体恤民情，与民休息。

清朝自雍正帝后，就将寝宫从乾清宫迁到了养心殿。养心殿中的"中正仁和"匾是雍正所书，意为帝王要中庸正直，仁爱和谐，是帝王对自身行为准则的高要求。

西暖阁"勤政亲贤"匾是雍正御笔。雍正帝是一个非常勤奋的皇帝，他恪尽职守，勤政爱民。西暖阁位于养心殿，此匾额体现了他一生都对自己严格要求，严于律己，严于律人。

养心殿"三希堂"匾为乾隆御笔。养心殿西暖阁的旁边，有一间几平方米的小屋，乾隆为它取名"三希堂"，因为他经常在这里把玩他钟爱的三件书法绝品：王羲之的《快雪时晴帖》、王献之的《中秋帖》、王珣的《伯远帖》，三件书法遗迹皆为稀世珍品。他又引谢灵运的"怀抱观古今"和颜延之赞向秀的"深心托豪素"二诗句为上下联，以寄托自己对魏晋风流的仰慕之情。

窗棂

窗就好比建筑的眼睛，传递着建筑本身的气质与灵魂。自古以来，窗都是建筑中最具特色的部分，它是文化内涵的载体，又是美感意蕴的表现。而故宫里的窗,更是集历代建筑精华于一身,内涵丰富,技艺精湛,可谓是"一窗一世界"。

Window Lattice

Windows are like the eyes of architecture, conveying the temperament and soul of architecture itself. Since ancient times, windows have been the most distinctive part of architecture, which are not only the carrier of cultural connotation, but also the expression of aesthetic implication. The windows in the Palace Museum are a collection of the essence of ancient architecture, rich in connotation and exquisite in craftsmanship, and can be described as "one window, one world".

我们常常把窗户和眼睛进行关联,充分体现了窗户在一座建筑中的作用。无论是最初的通风、采光、支撑建筑的作用,还是后来的装点宅容、美观环境的功效,窗户对一个建筑来说都是至关重要的。

窗棂,即窗格(窗子里面横的或竖的格)。窗棂经过历史的沉淀,风格和图案也发生了变化。故宫作为皇家建筑群,窗棂的风格和图案自然堪称典范。我们从故宫的窗棂,可以深深领悟到古人高深的艺术造诣和他们对美好生活的祈望和祝愿。

故宫的窗棂风格,也同故宫里的建筑一样,是分三六九等的。靠近中轴线的建筑的窗棂高级一些,离中轴线远一些的建筑的窗棂就要普通一些。

三交六椀菱花窗棂

三交六椀菱花是用三根棂条交叉组成图形,相交点以竹或木钉固定,相交的空白区域内装饰上花瓣形成菱花形。它是故宫里等级最高的窗棂图案,象征着正统的国家政权,内涵天地,寓意四方,是寓意天地之交而生万物的一种符号。在故宫的四门城楼、太和殿、文华殿、武英殿、奉先殿、皇极殿、慈宁宫等重要建筑上都有这种窗棂的身影。

双交四椀式窗棂

双交四椀是用两根棂条交叉,相交处附加花瓣而形成放射状的菱花图案。与三交六椀的寓意相似,但是等级比三交六椀低一等。故宫的东六宫、午门内东西朝房、三大殿两侧的门宇和崇楼等建筑上可以见到这种窗棂。

古老钱（轱辘钱）式窗棂

这种图案样式由很多圆圈组成,看上去很像古代的铜钱。古老钱式窗棂有"招财进宝"的寓意,在养心殿正殿可以看到它。

步步锦式窗棂

步步锦式窗棂是一幅有规律的几何图案,主要由直棂和横棂按一定规律组合而成,形态优美,深得人们喜爱。直棂与横棂独立地纵横着,各自端头对着对方的中部与边部形成丁字形状,直棂、横棂由于外长而内短,相对形成一步步变化的图案,内含人在事业上事事成功、做官会得到步步高升之意。在西六宫等生活区的建筑上可以看到这种窗棂。

冰裂纹式窗棂

冰裂纹式窗棂是由很多小木条拼接而成的。冰纹的图案没有一定规则,看起来千变万化,它与规整的图案产生鲜明的对比反差,是一种自然和谐美的符号。冰裂有冰雪消融、万物复苏的意思。用在门窗上,就有了美好、如意即将到来的寓意。古时,为了激励学子努力读书,人们会使用这种窗棂装饰学子的房屋,因为它象征"寒窗",而有些冰裂纹式窗棂上还嵌有梅花,寓意"梅花香自苦寒来"。在养心殿后殿可以找到这种窗棂。

卍（wan）字纹（万字纹）式窗棂

这种窗棂是由"卍"字形棂条组成的。古人认为这种螺旋形状的图案象征着生命的动力。无限循环的卍字纹,寓意着万事吉祥、万寿无疆。在御花园的绛雪轩,就可以看到这种窗棂,有时还会在其中点缀"寿"字和"福"字,更加凸显吉祥的含义。

灯笼框式窗棂

这种窗棂很像灯笼,在窗棂中间,设计者留出了很大的空间,利于室内的通风和采光。在中国传统文化中,灯笼是光明和喜庆的象征,所以灯笼框式窗棂寓意"前途光明"。想近距离看到它的话,可以到御花园的延晖阁。

正方格样式窗棂

正方格又称网格纹,民间又称为豆腐格。网格纹的各个正方形孔洞代表主人是个富有而又正直的人,乾清门的窗棂就是这样的。

斜方格样式窗棂

斜方格样式窗棂是由两斜棂相交后组成的一幅菱形格图案,寓意是大富大贵。临溪亭有这样的窗棂。

我国古代的窗户都用什么来遮挡呢?明朝时有了一种新兴的事物,那就是明瓦。用羊角和蚌壳熬制成液体,再挤压成薄片,就制成了明瓦。明瓦的制作成本比较高,只有富贵的人家才能用得起。普通百姓通常采用藤纸作为窗户的遮挡物,有的还在藤纸上刷一层桐油,使其更加耐用。也有的用绢布作为窗纸,绢布的好处是更加透气,价格也比较亲民。故宫里一直是用高丽纸作为窗纸。一般帝后居住的宫殿,窗户纸大都糊在窗棂里边儿。从外头看,华丽的窗棂与雪白的高丽纸形成颜色与质感上的反差对比,更加烘托了窗棂巧夺天工的灵动之美。故宫中,等级比较高的建筑,比如乾清宫和太和殿,窗棂都是内外两层。靠外一层是固定的,里边儿那层则为"活扇儿",可以随时拿下。中国的玻璃厂成立于康熙三十五年(1696年),在康、雍、乾三代皇帝的提倡和扶持下得到了巨大的发展。可是紫禁城用于采光的玻璃直到雍正年才从欧洲运来安装上,总共2块,安在了养心殿。

彩画

彩画在中国有悠久的历史,是古代传统建筑装饰中最突出的特点之一。彩画原是为木结构防潮、防腐、防蛀的,后来才突出其装饰性。宋代以后彩画已成为宫殿不可缺少的装饰艺术。彩画可分为三个等级:和玺彩画、旋子彩画和苏式彩画。

Color Painting

Color painting has a long history in China and is one of the most prominent features of ancient traditional architectural decoration. Color painting was originally designed to prevent moisture, corrosion and moth of wood structure, and then its decoration function was highlighted. After the Song dynasty, color painting has become an indispensable decorative art of palaces. It can be divided into three grades: Hexi color painting, Xuanzi color painting and Suzhou-style color painting.

三种彩画主体构图相同。将梁枋分为约略相等的三段,中段为"枋心",左右两端为"箍头",箍头与枋心之间为藻头(俗称找头)。三者在这种程式化的构图规范之下,以不同的题材和内容,各自展现它们不同的风格。

和玺彩画是等级最高的彩画,主要分金龙和玺、龙凤和玺、龙草和玺三种。其主要特点是:中间的画面由各种不同的龙或凤的图案组成,间补以花卉图案;画面两边用"《 》"框住;用青、绿、红三种底色衬托金色,并且沥粉贴金,金碧辉煌,十分壮丽。故宫三大殿使用的是金龙和玺彩画,交泰殿、慈宁宫等采用龙凤和玺彩画。太和殿前的弘义阁、体仁阁等较次要的殿宇使用的是龙草和玺彩画。

旋子彩画的等级次于和玺彩画。所谓"旋子",乃一种带卷涡纹的花瓣,北京匠人俗称"学子",也叫"蜈蚣圈"。画面用简化形式的涡卷瓣旋花,有时也可画龙凤,两边用"《 》"框起,可以贴金粉,也可以不贴金粉。一般用于次要宫殿或寺庙中。

苏式彩画因起源于苏州而得名,用于园林和住宅。构图形式多样,纹饰题材内容广泛,是装饰效果较贴近生活的一类清代官式彩画,主要用于装饰园林建筑。

紫禁城里的人和事

明朝皇帝

大明王朝统治 276 年,共 16 位皇帝。16 位皇帝每一位都个性鲜明,每一位都有精彩的故事。他们虽生在皇家,拥有特权,却也时刻被特权牵制,有万般的无奈和千斤的责任。不论那段历史成与败,还是兴与衰,今天看来都是警醒世人的利器,也是激发世人的挽歌。

Emperors of the Ming Dynasty

The Ming dynasty ruled China for 276 years with 16 emperors. Each of the 16 emperors has a distinctive personality，and each has a wonderful story. Although they were born in the royal family with privilege，but also dominated by the privilege. There were all kinds of helplessness and responsibilities in their lives. No matter the success and failure or the rise and fall in that history，today that period of history is a sharp weapon to alert the world and an elegy to inspire the world.

明朝皇帝都不长寿,平均年龄 40 岁。朱元璋 71 岁,朱允炆 25 岁(不确定),朱棣 64 岁,朱高炽 47 岁,朱瞻基 37 岁,朱祁镇 37 岁,朱祁钰 30 岁,朱见深 40 岁,朱佑樘 36 岁,朱厚照 31 岁,朱厚熜 60 岁,朱载垕 35 岁,朱翊钧 57 岁,朱常洛 38 岁,朱由校 22 岁,朱由检 34 岁。明朝皇帝寿命不长的主要原因有下面几个:首先,皇帝工作强度大导致身体虚弱,积劳成疾,古代医术又不发达,致使皇帝早逝的比较多;其次,明朝皇帝普遍爱服食丹药,丹药里含有铅、汞、铜等重金属,对身体伤害特别大;再次,明朝皇帝纵欲的比较多,也非常伤害身体;最后,皇权之争导致他们之间钩心斗角、尔虞我诈,一些外在因素导致皇帝早逝的可能性也是有的。

明朝 16 位皇帝,有一个共同的特点,就是政治能力普遍不高。虽然有"永乐盛世""仁宣之治""万历中兴"等高光时刻,但是从整体看,明朝皇帝的政治能力并不强,比如他们在用人方面不够练达,要么疑心太重,要么不识贤能。总之,明朝大部分皇帝不会用人,致使杀贤能、养宦官的状况频频出现。治理国家能力欠缺的另一个表现是他们大多贪图享乐,置江山社稷于不顾。很多人分析他们贪图享乐就像市井小民，一旦升官发财就忘乎所以。也有人美其名曰"追求个性"或者"追求本我"，认为他们注重自身的感受，关注自己的诉求，所以出现了"蛐蛐皇帝""木匠皇帝""吃货皇帝"等，还有好几位皇帝醉心于炼丹，祈求长生不老。关注个人感受、发展个人爱好无可厚非，但是过于沉迷其中而忘了自己的身份和责任，那就不应该了，尤其是作为一国之君，江山社稷、黎民百姓才是他们最该注重和关注的。

明朝皇帝的祖训是"不和亲，不纳贡，不赔款，天子守国门，君王死社稷"。明朝共有 4 位皇帝有过御驾亲征的经历。第一位是明成祖朱棣。从 1410 至 1424 年，朱棣共 5 次亲征蒙古北伐，从此明朝不再承认蒙古政权，具有转折性的重大意义。第二位是明宣宗朱瞻基。朱瞻基曾随祖父数次亲征蒙古，是个有勇有谋的大将。第三位就是明英宗朱祁镇，在宦官王振的怂恿下，亲征瓦剌，结果战败，自己被俘，史称"土木堡之变"。第四位是明武宗朱厚照。1517 年，蒙古鞑靼部落进犯，朱厚照亲率部队迎战，取得胜利，史称"应州大捷"。相较于那几位极度关注自我感受的皇帝，这四位"天子守国门"的英勇和担当，大大拉高了明朝皇帝的整体素质。关于"天子守国门"的说法，后人也是褒贬各异。很多人认为，明朝皇帝中，真正做到"天子守国门"的只有朱棣一人。比如英宗朱祁镇，若不是他非要御驾亲征，那十几万大军就不会战死沙场。明朝"不和亲，不赔款"这样的评价也不够严谨。有人认为明朝"不和亲，不赔款"是因为当时明朝势力强盛，周围的部落根本构不成对明朝的威胁，所以没必要和亲和赔款。也有人认为从朱棣开始，明朝几个皇帝都对周围的部落提出过和亲和赔款的请求，比如明英宗、明穆宗都是如此，但是明朝改"和亲"为"互市"就是为了掩盖和亲之耻辱。至于赔款，据记载也有过好几次，比如嘉靖帝就对蒙古俺答汗进贡过大量财物，才使得俺答汗退回了大漠，这就是历史上的"庚戌之变"。"君王死社稷"无疑是指崇祯帝朱由检最后自杀于煤山之事。历史上这样宁死不降的事迹非常多，崇祯帝在生命的最后一刻的确是表现出了一国之君该有的气节和骨气。关于这一点，后人也是众说纷纭，有人赞叹朱由检的铁骨铮铮，也有人认为历史上临危逃跑的帝王并不多见，朱由检此举并不值得夸耀。还有人认为朱由检当时只有一名太监在身边，根本不具备逃跑的条件，所以他的自杀其实是无奈之举。

明朝皇帝的嫔妃普遍出身不高。朱元璋曾在《皇明祖训》中规定，自己的子孙们必须挑选良家女子结亲。朱元璋考虑的是，后妃家族地位过高，会有外戚干政的隐患。据记载，明朝 45 位后妃中，只有 3 个人出身显贵。后妃出身平民，的确不会对皇权产生威胁，但是也有一个不好的结果，那就是当时社会母亲的出身和受教育程度会严重影响皇子的身心素质。平民出身的后妃，往往目光短浅，贪图小恩小惠，忽视精神世界的提升。历史上赞誉度颇高的明神宗朱翊钧的生母李太后是家境贫寒的小宫女出身。在儿子的成长道路上，李太后一直是一位严母，为儿子的亲政之路可谓是尽心尽力。但是当儿子亲政后，她一改往日节俭的风格，变得无比奢华和浪费，为自己的父亲求官，并花费几十万两银子大修慈宁宫。这种一旦发迹就忘本的性格也影响了皇子的成长。朱翊钧在勤勤恳恳工作了 10 年后，也开始坐享其成，白白毁掉了祖先和自己创下的大好时局。明孝宗朱佑樘的唯一妻子张皇后也是出身于一个非常普通的人家。虽然朱佑樘有着"一夫一妻"的美好名声，但是后人对他的张皇后评价普遍不高。张皇后性格傲娇，甚至是恃宠而骄，经常提出各种无理的要求。张皇后的娘家非常贪婪，而张皇后对娘家人也是有求必应，这让当时的臣民都颇有微词。

后人经常会对明清两朝的皇帝进行对比，试图分出高下。有人用两朝统治的时长除以两朝皇帝的数量，结果是明朝皇帝的平均统治时长少于清朝的平均统治时长，从而得出明朝昏君多于清朝的结论。还有人认为明朝"懒政"的皇帝多于清朝，而清朝后期几位皇帝成绩平平，不能称为昏君，只能是庸君。更有人把两朝的皇帝进行了一对一的对比，得出的结论也是五花八门。其实这样纵向或者横向对比，都不中肯。首先明清两朝跨越的历史时长都比较长，涉及的人数也比较多，再有就是两朝所处的时代背景也不一样，无法做出比较科学的比较，这样的比较也没有意义。历史已经远去，功过评价也是因人而异。总之，每个皇帝的故事都值得大家去了解和研究。

朱元璋

明太祖朱元璋（1328—1398），字国瑞，原名朱重八（重八就是十六，然而明朝共 16 代皇帝，这真是巧合啊），明朝开国皇帝，年号"洪武"。

明太祖朱元璋在 1395 年版的《皇明祖训》中宣布将朝鲜、日本等 15 个海外国家列为"不征之国"，告诫后世子孙不得恣意征讨。1398 年，朱元璋病逝，享年 71 岁，庙号太祖。朱元璋这位出身贫苦、打天下的皇帝是明朝最长寿的一位皇帝。

朱元璋统治初期，发生了著名的四大案：空印案、胡惟庸案、郭恒案、蓝玉案。这是朱元璋巩固政权、加强皇权的政治措施，但是十几万人因此丢了性命，是一段令人无限感慨的历史。下面仅以胡惟庸案为例来详细了解那段历史。胡惟庸何许人也？其实他跟朱元璋有相似的地方，那就是他们都是实现"逆袭"的代表人物。胡惟庸只是一名小小的安徽籍知府，也有人说他是一名乡村教师。但从史料来看，乡村教师的可能性不大，因为教师的薪水不足以让他大行贿赂。胡惟庸不光有一些才气，更重要的是他深谙为官之道，更确切地说，他非常清楚如何一步步经营，走上权力的顶端。1367 年，胡惟庸一下子拿出 300两黄金送给了自己的老乡，当时的左相国李善长。李善长开始为胡惟庸左右周旋、上下打点。300 两黄金是多少民脂民膏、多少冤魂野鬼换来的无从得知，但是它能使一个知府成为太常少卿，进本寺卿，华丽转身成了一名中央机构的官员，却是非常确定的。胡惟庸这第一步棋可见是非常成功的。胡惟庸终于来到了皇帝朱元璋的身边，并依靠自己的高情商成了朱元璋的信臣。1370 年，胡惟庸成了中书省参知政事。接着，他开始了下一步的经营，进一步稳固自己的地位。他将自己的侄女嫁给了李善长的侄儿，这样他和李善长的关系便更亲近、更坚固了。1373 年，经李善长从中操作，时任中书省右丞相的汪广洋被贬为广东行省参政，胡惟庸先以右丞身份独专中书省事，于当年 7 月正式升任右丞相，1377 年 9 月进左丞相，位居百官之首。胡惟庸"逆袭"之路大功告成。

从小城知府到"一人之下万人之上"，如果胡惟庸能够懂得珍惜羽毛，并真正懂得自己的职责的话，那将是多么励志的故事啊。然而擅于钻营的人，钻营才是他们要做的事。胡惟庸开始打压一切异己力量，并亲近和拉拢一切可以为自己卖命的人。胡惟庸的党羽越来越多，势力越来越大。同时，给胡惟庸行贿的人也越来越多。一个靠行贿平步青云的人，不可能拒绝受贿，古往今来这似乎是一个定律。结党营私，这是一条政治底线，任何人触动了，哪怕是皇亲国戚，也不可能不让皇帝动怒。朱元璋辛苦打下的江山，不可能眼看着身边的人像蛀虫一样毁掉。朱元璋开始一点点削弱中书省的权力，中书省很快成了空架子。胡惟庸当然不可能坐以待毙，任凭自己的位置被裁撤。正当皇权和相权各自步步为营的时候，一件事为胡惟庸招来了灭顶之灾。1379 年 9 月，占城使臣向朱元璋进贡，却被中书省截留了。其实这样的事情，胡惟庸没少干，只不过之前类似的事情朱元璋都没有追究,但是这次不一样了。朱元璋接到密告,大发雷霆,并命人彻底清查胡惟庸的过往。不查则已,一查惊人,胡惟庸彻底激怒了皇帝。胡惟庸被下了大狱,很快就被处死了。历史上很多人为胡惟庸平反,其中一个主要的理由就是朱元璋为什么那么急切地处死胡惟庸,是因为他根本就没有确凿的证据证明胡惟庸谋反。胡惟庸被处决,从此中国历史上再无"丞相"之职,朱元璋也开启了自己的"洗牌"之路。

朱元璋一生最恨一个"贪"字,所以他对贪官一律是"杀无赦"。后来,不只是贪官污吏被杀,朱元璋杀人的理由往往不可理喻。他会因为一句话而杀人,甚至自己亲自配制毒药让人喝下去,然后观赏对方被毒死的整个过程。据传,朱元璋共杀死了自己的文武百官15万之多。后人分析,朱元璋的杀人行为近乎一种心理疾病。朱元璋的一生功过参半,任由后人评说,但是作为明朝的开国之君,他的勤勉、勇猛和执着都是值得后人学习的。

朱允炆

朱允炆(1377—?),明朝第二位皇帝,朱元璋长子朱标的次子。朱允炆是个性格柔和的人,这与他接受儒学教育有很大的关系。朱元璋是个尚武之人,所以他的武将都比文官的地位高。朱允炆继位之后,就开始努力提高文官的地位。朱允炆重文降武的态度也为他后来削藩打下了基础。朱允炆与朱元璋另一个不同之处是他与人为善,不是心狠之人,所以他修改了很多朱元璋时期严苛的法律,也纠正了很多冤假错案。朱允炆又大办儒学,鼓励农桑,减免赋税等,是一位百姓心中的好皇帝。

朱允炆是百姓心中的好皇帝,却不是叔叔们心中的好皇帝。朱元璋登上皇位后,将自己的儿子都封了王。这些王都有自己的军队,军队人数从3 000人到15 000人不等。朱允炆在其身边儒学大臣的建议下,决定削藩,因为他一直觉得各位藩王叔叔的权力已经威胁到了自己的地位。但是,朱允炆的削藩行动太过急躁了。他采取了一系列的措施削藩,比如抓捕、流放、软禁,有的藩王因为承受不了这样的痛苦而自杀了。朱允炆还要求藩王的儿子学习儒学,也是为了控制他们的思想,让他们认识到一国之君是神圣不可违抗的。朱允炆大张旗鼓的削藩行为在道义上已经占了劣势了,其他的藩王都警觉起来,尤其是实力最强的燕王朱棣。朱棣一直在北方活动,在与北方少数民族的冲突中积累了大量的作战经验,实力非常雄厚。同时,朱棣是个非常聪明且饱读诗书之人,他的起兵一定要事出有因。以"清君侧"的名义出兵,朱棣在道义上占了上风。朱允炆意图削藩,没想到却成就了叔叔朱棣,使朱棣成了一国之君。

朱棣杀进南京之后,朱允炆下落不明。有人说朱允炆被火烧死了,也有人说朱允炆逃出了宫城,削发为僧,皈依佛门了。前面是在位31年的开国君王朱元璋,后面是在位22年的大名鼎鼎的朱棣,朱允炆短暂的4年皇权时长和可悲的结局,都让他成为明朝皇帝中可有可无的人物。

朱棣

明成祖朱棣(1360—1424),明朝第三位皇帝。朱元璋第四子,建文帝朱允炆叔父。1402年即位,1424年病逝于北征回京的途中,年号"永乐"。

朱元璋原本将长子朱标立为太子,但是朱标早逝导致皇位继承人的身份落到了其儿子朱允炆的身上,是为皇太孙。后来,朱允炆登基,称建文帝。彼时,朱棣和诸位兄弟被朱元璋封为藩王,使其永无继位之可能。而朱棣,便是燕王。

然而,令朱元璋万万没有想到的是,他所担心的事情还是发生了。各个藩王不甘于现状,一直觊觎侄子的皇位。

显然,建文帝朱允炆也意识到了各位叔叔的虎狼之心,唯有削藩别无他路。野心磅礴的燕王朱棣决定先发制人,效仿汉景帝时的吴王刘濞,打着"清君侧"的名号出征。但是,不同于刘濞的失败,饱受战事磨砺的朱棣在此战争中节节胜利,建文帝虽然做出各种让步仍不能动摇朱棣的篡位野心。朱棣最后攻下都城南京,为掩盖其不轨之行径,放火烧了皇宫。这便是历史上有名的"靖难之役"。

朱棣的性格与其父亲朱元璋有很多相似之处,其中一个就是两个人都疑心非常重,或者说缺乏安全感。朱棣登上皇位之后,一直感觉朱允炆冤魂不散,身边的人也不够可靠。朱棣声称自己的生母是马皇后,这样自己就是嫡子继位,名正言顺。关于朱棣的生母无从查验,因为朱棣一上任就将所有相关资料篡改或者毁灭。后人有说朱棣其实是朱元璋的一个妃子所生,实为庶出。

朱棣进驻南京之后,就开始肃清朱允炆的亲信。其中最著名的是"诛十族"事件。大儒名士方孝孺和建文帝朱允炆关系非常密切,二者关系可以用"惺惺相惜"来描述。朱棣取代朱允炆后,方孝孺日日身穿孝服痛哭不已。朱棣听说后非常气愤,欲杀之。但是其谋士姚广孝感念方孝孺之文采,希望朱棣劝方孝孺归降。朱棣召见方孝孺,百般劝解,方孝孺不但不为所动,还对朱棣破口大骂。朱棣实在没有办法,便以"诛九族"威胁方孝孺,谁料方孝孺竟说诛十族也奈何不了自己。朱棣便真的诛杀了方孝孺的十族共 873 人,其中包括方孝孺的门生子弟。一代儒士忠心护主,感天动地,但是陪死的那些人又何错之有呢?

除了"诛十族",朱棣还对所有建文帝的亲信进行了"瓜蔓抄"。因为朱棣对所有建文帝的文武百官残酷诛杀,妄引株连,如瓜蔓之延伸,所以称为"瓜蔓抄"。左金都御史景清曾经行刺过朱棣,朱棣便对其诛九族,朱棣嫌只杀活人不够,又将史家坟墓掘毁,然后又将史景清家乡的人全部杀死。因为一个人而杀死几百人甚至上千人这样的事情在当时比比皆是。

朱棣在位期间 5 次亲征蒙古,派郑和下西洋,南平安南,迁都北京,修《永乐大典》,营建紫禁城。朱棣统治期间,经济繁荣,国力强盛,史称"永乐盛世"。朱棣最后病死在北伐归来的途中,享年 64 岁,庙号太宗。嘉靖时期,朱厚熜改朱棣庙号为成祖。可以说朱棣的一生始于战争,同时也是终于战争,后人称其"马上皇帝"。

后人对朱棣的评价也是毁誉参半。他使当时的明朝在经济、军事、外交和影响力等方面都达到了空前绝后的辉煌,但是他的辉煌是建立在百姓的痛苦和牺牲之上的,比如迁都北京和兴建紫禁城,那是无数民脂民膏换来的。他开拓了空前辽阔的疆域,却使无数的将士战死沙场。他继承和开拓了朱元璋的事业,但是却篡夺了侄子的皇位。即使他是一位好皇帝,但他绝不是一位好叔叔。

朱高炽

明仁宗朱高炽(1378—1425),是明成祖朱棣长子。因为在位仅仅几个月,朱高炽这个皇帝在明朝的历史上一直都没有什么存在感。而且因为身体比较肥胖,朱高炽一直被影视剧塑造成一个"吃货"的滑稽形象。其实,朱高炽是一位仁慈而又有才能的皇帝。

"靖难之役"爆发后,朱棣率领大军南下与建文帝朱允炆展开大战,朱高炽奉父亲之命留在北平保卫大后方。1399 年 11 月,建文帝的大将李景隆率 50 万大军围攻北平,朱高炽在手下只有万余人的情况下巧妙地组织防御,成功抵挡住了李景隆的进攻。这次事件充分表明,朱高炽是具有很强的军事才能的人物。

朱棣去世后，朱高炽作为长子继位。朱高炽一上任就下令停止了父亲的若干个大工程，比如郑和海上远航计划、边境茶马贸易、云南和交趾（今越南）采办黄金珠宝的商团。朱高炽从小饱读诗书，他爱民如子，不喜奢华，所以不愿意因为这些大工程给百姓造成负担。为了安抚民心，朱高炽想方设法免除或者减轻百姓的赋税和劳役，这些举措都为其子朱瞻基的统治打下了非常好的基础。

朱高炽的另一个伟大举措就是他提拔了一大批有能力的官员，其中包括著名的"三杨"（杨士奇、杨荣、杨浦）、黄淮、金幼孜等。这些能人在朱高炽和朱瞻基两朝发挥了巨大的作用，是"仁宣之治"的大功臣。朱高炽在任用贤人的同时，也解聘了一大批在朝廷中吃闲饭的人员，减轻了财政的负担。

朱高炽性格和善，擅于纳谏。他鼓励官员进言，也常常反思自己的过错，这样的品质实在难得，尤其是贵为天子的人。

1425年，朱高炽突然去世，终年47岁。关于朱高炽的死因，世间也有很多揣测。有人说是其弟弟朱高煦害死的，有人说是其儿子朱瞻基害死的，也有人推测是因为其身体肥胖突发心脑血管病而死的，还有人认为朱高炽是纵欲过度而死的。

朱高炽，一位儒家君主，因为其仁厚的性格、仁慈的心肠而倍受后人的褒奖。虽然他的执政时间只有短短几个月，但他却为大明王朝留下了许多宝贵遗产，为他的继任者铺平了通往盛世的道路。

朱瞻基

朱棣长子朱高炽是个胖子，史称"吃货皇帝"。明朝一直遵循"立嫡立长"的储君制度，所以朱高炽虽不得圣心，朱棣却衡量再三，还是立了朱高炽为太子。历史上有这样的说法，朱高炽这个储君的位置是得益于自己的儿子朱瞻基。相传，朱瞻基出生的那晚，朱棣做了一个祥瑞之梦，所以朱瞻基从小就深得朱棣喜爱。再加上朱瞻基有勇有谋，朱棣觉得自己的天下一定要传于这个皇孙。不管是自己占了"嫡长子"这个优势，还是自己的儿子"争气"，总之朱高炽成了明朝第4位皇帝。朱高炽身体非常肥胖，性格也比较仁厚，在位几个月就去世了。关于朱瞻基的继位，历史上一直有一个不解之谜。朱高炽是突然病发而亡，而当时其长子朱瞻基远在南京，从南京到北京至少要3个月的时间，而朱瞻基却在父亲病亡的当晚就赶到了，顺势继承了皇位。朱棣的次子朱高煦一直也是王位的有力竞争者,早在朱高炽继位时,他就是储君候选人之一。无论是学识还是能力,朱高煦都高于朱高炽。因为不是长子,也没有"争气"的儿子给自己加分,朱高煦只能将一肚子的野心隐藏起来,等待时机。朱高炽去世时,朱高煦在山东,按路程来算,朱高煦应该赶在朱瞻基之前到达皇宫。然而,事情就是这样离奇,就在朱高煦势在必得的时候,朱瞻基已经坐上了龙椅。因此后人猜测,朱高炽的死因并不单纯,他是被自己的儿子害死的,因为只有这个原因才能解释朱瞻基登基之谜。并且在明朝遗留的一切史书当中,都找不到朱高炽死因的只言片语,这很有可能是朱瞻基故意为之。

在明朝 16 位皇帝当中,朱瞻基可以说是一位比较有建树的皇帝。在政治和军事上,朱瞻基都有所突破。他严厉打击贪腐,使当时的明朝一片祥和。朱瞻基是一位仁慈的皇帝,他体恤民情,曾多次深入民间,了解百姓的疾苦。朱瞻基还有一个爱好,就是喜欢斗蛐蛐,所以他也有"促织皇帝"的称号。明仁宗朱高炽和明宣宗朱瞻基统治时期,因为国家出现了比较繁盛的态势,被称为"仁宣之治"。

朱祁镇

朱祁镇(1427—1464),明朝的第 6 位皇帝。朱祁镇的一生可谓是跌宕起伏、充满变数,他是明朝皇帝中最离奇的一个,不论是人生经历还是个性特点。朱祁镇作为朱瞻基的嫡长子,9 岁登基,在太皇太后张氏的协助下,开启了自己一统天下的人生。朱祁镇的贪玩是出了名的,也许是继承了父亲朱瞻基的爱玩基因。更何况,他还找到了一个好玩伴,那就是宦官王振。王振,作为前朝宠臣,深知为臣之道,一直在宫中游刃有余。就这样,朱祁镇和王振两个人玩着玩着就觉得无聊了,想玩点新花样了。1449 年,朱祁镇突发奇想,想效仿成祖朱棣北伐蒙古,御驾亲征去北方打一仗。朱祁镇的想法自然遭到了群臣的强烈反对,但是除了一个人,那就是王振。王振举双手赞成朱祁镇的"英明"决断。就这样,朱祁镇和王振带领 20 万精英去攻打北方瓦剌土著,结果自然是惨不忍睹。20 万大军损失了 1/3,朱祁镇和王振被俘,这就是"土木堡之变"。

"土木堡之变"之后,在于谦等大臣的全力支持下,朱祁镇的弟弟当上了皇帝。其实,按才能,朱祁钰一直都是高于哥哥朱祁镇的,但是大明王朝"立嫡立长"制度,成就了朱祁镇。朱祁钰也算是临危受命,一边帮哥哥收拾残局,一边开始维持朝局稳定。朱祁钰统治的 9 年中,明朝社会安定,经济、政治等方面都开始朝着比较好的方向发展。

而此时朱祁镇的"俘虏"生活也不算差。他一边努力适应自己的"阶下囚"生活,一边暗中大展"社交达人"的本事。朱祁镇的社交能力真的是高超,他竟然能够和俘虏他的瓦剌首领的弟弟成为要好的兄弟,更能够让看管他的守门、小厮等人成为他的忠实"粉丝"。在敌军当俘虏的 1 年中,朱祁镇竟然成了敌军的"红人"。与此同时,朱祁镇也没有忘了自己的身份。他买通了身边一切人等,为自己向外传递消息,并找到自己之前的部下和亲信。所以后来在朱祁钰大病不起之时,这些人顺理成章拥立朱祁镇再次成为皇帝。

"土木堡之变"之前,明朝在前 5 位皇帝的统治之下,日益繁盛和壮大。但是"土木堡之变"成了转折点,明朝除了损失了大量的军事力量,也让周边小国和部落看到了明朝皇帝的无能。从此,明朝在外交上只能防守,而再无还击之力了。朱祁钰在于谦等人的帮助下竭力恢复明朝的力量,但是就在这一切刚刚有起色的时候,朱祁镇又回来了。朝中保守的老臣认为朱祁镇才是名正言顺的皇帝,朱祁钰只是危难时期的权宜之计。再加上朱祁钰的儿子去世了,后继无人,朱祁镇就又成了皇帝。朱祁镇回来后做的第一件事,就是杀了于谦。不管发生什么事情,自己皇位的稳定才是皇帝的第一要务。经历了这么多,朱祁镇总算成熟了。他不再胡闹,而是非常勤奋地治理国家,但是之前的损失最终无法挽回,明朝开始就走向了下坡路。朱祁镇让大家记住的还有一个非常重要的点,那就是他废除了殉葬制度,也是一件造福后人的大举措。

朱祁钰

明景帝朱祁钰(1428—1457),明朝第 7 位皇帝。"土木堡之变"之后,朱祁镇被俘,王振被杀。国不可一日无君,众大臣拥立朱祁镇的弟弟朱祁钰承继大统。1449 年 9 月 22 日,朱祁钰成为皇帝,尊朱祁镇为太上皇。

朱祁钰登基后,重用大臣于谦,组织北京保卫战,击退瓦剌大军。然而好景不长,瓦剌俘虏了朱祁镇,却并不能从明朝得到什么好处,便将朱祁镇给放了。这样情况就变得复杂了,朱祁镇回来后到底是个什么身份呢?朱祁钰虽然心有不甘,但是他又不想得罪众大臣,所以只能硬着头皮接朱祁镇回京。朱祁镇回来后,就被朱祁钰软禁了起来,并且软禁了 7 年之久。朱祁钰派人日夜监视哥哥的动向,他的这些行为遭到了文武百官的诟病。因为软禁哥哥之事,朱祁钰使自己处于不利的舆论之中,而接下来的事就显得朱祁钰有些得寸进尺了。朱祁钰自己当了皇帝,自然想立自己的儿子为太子。1452 年,朱祁钰废掉侄子朱见深的太子身份,立自己的儿子朱见济为太子,这件事让许多大臣气愤,与朱祁钰彻底离了心。然而一年之后,太子朱见济就去世了,对朱祁钰的打击非常大。

1457 年,朱祁钰重病,大臣们觉得是时候接太上皇回来了。2 月 10 日,朱祁钰还在睡梦中的时候,大臣石亨、徐有贞将朱祁镇推上了王位,这就是“夺门之变”。2 月 15 日,明英宗朱祁镇下诏,改“景泰八年”为“天顺元年”。次日,于谦等人被明英宗以谋逆罪名处死。2 月 24 日,明英宗废朱祁钰为郕王,将其软禁到西内永安宫。3 月 14 日,朱祁钰薨逝,死因不明。

朱祁钰临危受命,在大臣的辅佐之下,恢复经济、稳定时局、安抚民心,政治一片清明。但是,朱祁钰后来软禁朱祁镇、改立太子这两个操作让他背上了千古骂名。明朝共有 16 位皇帝,其中有 13 位死后都葬在北京的明十三陵。朱元璋死后葬在了南京的明孝陵,朱允炆因为下落不明无法安葬,最后一位没有进明十三陵的就是朱祁钰。朱祁钰明明做过 8 年的皇帝,为什么不能葬在十三陵呢?朱祁钰去世后,朱祁镇赐给了他一个恶谥“戾”,并将朱祁钰的帝号废了。没有帝号自然就不能进皇陵了,朱祁钰最后被葬在了北京的景泰陵。

朱见深

明宪宗朱见深(1447—1487),朱祁镇的长子,明朝第 8 位皇帝。朱见深的幼年可谓凄惨。朱见深 2 岁的时候,“土木堡之变”就发生了,朱祁镇被俘,叔叔朱祁钰成了皇帝。朱祁钰做了皇帝之后,就想立自己的儿子为太子,那么此时的朱见深就成了朱祁钰的绊脚石了。就在朱见深处于危险之中的时候,太后孙氏派自己的贴身宫女 19 岁的万贞儿去照顾 2 岁的朱见深。万贞儿 4 岁进宫,一直在太后身边,颇得太后的信任。朱见深每日与万贞儿相伴,度过了一段非常艰难的时日:太子废黜和重新立为太子。当 18 岁的朱见深当上皇帝的时候,万贞儿已经 35 岁了。但是朱见深对万贞儿的感情却有增无减,日益深厚。朱见深一当上皇帝,就要立万贞儿为皇后,但是遭到了生母周皇后的反对,无奈之下,朱见深只能立万贞儿为贵妃。朱见深对万贞儿的感情,不单单是报恩,也不单单是男女之爱,而是一种强烈的依恋、爱慕甚至是敬畏。万贞儿成了贵妃之后,在后宫恃宠而骄,做的缺德事不计其数,后宫多少孩子死于万贵妃之手。她还干涉朝政。但是所有这一切,即使朱见深知道了,只要万贵妃梨花带雨一番求情,都能得到朱见深的谅解。有人说,不幸的童年往往要一个人用一生来治愈。朱见深对万贵妃的感情,也可以这样理解。深情也好,习惯也罢,总之,万贵妃拯救了朱见深,也毁了朱见深。

不幸的童年除了让朱见深万分依恋万贵妃之外,也教会了他如何化解矛盾,如何将不利变成有利。朱祁镇重回皇位之后,大批朱祁钰的忠臣都被根除,其中包括于谦。朱见深继位后,一个非常重要的政治举措就是为这些忠良平反,并且重用了一大批贤能人才。值得一提的是,朱见深竟然为自己的叔叔平反,这是只有胸怀天下的人才能做得出来的。为了安抚人心,或者是因为亲情,朱见深为叔叔平反,可见他非池中之物。但是朱见深后来大搞西厂运动,残害忠良,这也是他人生中的一大污点。一代帝王,无法用简单的非黑即白来评价,后人只要能看到那段历史的积极意义,也就够了。

朱佑樘

明孝宗朱佑樘(1470—1505)可以说是个无差评的皇帝。朱佑樘与其父亲朱见深一样,有着不幸的童年,但是两人的人生却不一样。朱佑樘的生母是地位低贱的宫女纪氏,因为朱见深的一次宠幸而有了朱佑樘。但是当时的后宫老大万贵妃怎能容一位宫女生下皇子,她便找来自己的贴身太监张敏,让其解决了纪氏。说起来张敏也不够忠心,并没有按照万贵妃的吩咐去做,而是偷偷将怀孕的纪氏藏了起立。朱佑樘出生后,纪氏和张敏都被万贵妃处死了。

苟活于世的朱佑樘东躲西藏,直到6岁的时候,万贵妃去世,才得以见天日。

朱佑樘18岁登基,立张氏为皇后,这是朱佑樘唯一的妻子。朱佑樘成为历史上只有一个女人的皇帝。朱佑樘也是一位非常勤勉的皇帝,在位18年中,他每日不是上朝议政就是与大臣们推心置腹,商讨国家大事。朱佑樘还有一个优点,就是他不像他的父亲那样信奉妖术。朱佑樘继位之后,将其父亲供养的那些妖术道士们都赶出了宫。朱佑樘除了对大臣好,对百姓也好。他在位期间,没有过大兴土木之事,并且减轻赋税,百姓安居乐业是他最大的心愿。然而这样一位完美的皇帝,却只活到36岁就去世了。后人对朱佑樘的早亡,归结出两个主要的原因。一个是朱佑樘幼年生活太过清苦,致使其身体营养不良,体弱多病;另一个原因是朱佑樘太过勤奋了,或者说他最后是积劳成疾,累死的。

最专情的皇帝,最完美的皇帝,古代"一夫一妻制"的践行者。后人给了朱佑樘很多美好的称号,但是天不假年,实为历史上的一大憾事。

朱厚照

明武宗朱厚照(1491—1521),明朝第 10 位皇帝,也是一位被后人诟病较多的皇帝。朱厚照,一改父辈祖父辈的凄苦,出生在一个极其幸福的环境中。父母感情深厚,一个亲弟弟早夭,再无其他兄弟与之争宠争权。然而就是这样一位含着金钥匙出生的皇子,却性格顽劣,几乎具备了一切纨绔子弟的缺点。明朝最大的特点之一就是宦官多,并通常掌握了巨大的权力。朱厚照出生后,他的身边也不乏这样的人,其中刘瑾为首的特务机构"八虎"(或称"八党")的宦官们,每日陪伴在太子的身边,想尽一切办法谄媚讨好。严师才能出高徒,而太监们每天想着法儿地琢磨太子的喜好,并让太子沉溺其中无法自拔。朱厚照 15 岁登基,然而他想的不是朝政和天下,而是如何玩出花样来。朱厚照与其父亲最大的不同就是他十分好色,那样一位专情的皇帝怎么会生出一个滥情的儿子呢?究其原因,宦官的影响和教唆造就了这一切。朱厚照每日流连于声色场所,这还不够,他还在皇宫里建了一座妓院,供自己玩乐。虽然有文武百官的苦心力劝,朱厚照就是死不悔改。眼看着孝宗积下的家业就要被这个逆子败空了,军心不稳,朝廷动荡。1517 年,蒙古王子伯颜率 4 万精兵进犯,朱厚照接到消息竟然高兴坏了。此时的朱厚照,已经玩腻了,他要玩个大的,那么率军打仗岂不是最刺激的。当群臣得知皇帝要御驾亲征的时候,都吓得说不出话来。这也不难理解,因为"土木堡之变"刚刚过去 70 年,这样的悲剧再也不能重演了。大家心里明镜似的,明朝再也经不起这样的折腾了。然而,朱厚照对于群臣的意见一个字也听不进去,当即带领 10 万大军,出发打仗去了。从未经历过沙场的朱厚照竟然打赢了。这就是明史上有名的"应州大捷"。1519 年,因江西宁王朱宸濠犯上作乱,朱厚照便自封为"镇国公"总督军务威武大将军朱涛,又亲自率军,玩起了"将军平叛"。就在朱厚照准备大显身手再过把瘾的时候,突然收到了前方发来的捷报,宁王已经被活捉了。玩兴大发的朱厚照怎肯善罢甘休,他命人将宁王放了,自己要亲自把他活捉。大臣们只得陪着这位皇帝再玩一次活捉宁王的游戏。然而就是这一次"玩乐"返京时,朱厚照不幸溺水,肺积水严重,后又发展成了肺炎。他因为肺炎去世了,终年 31 岁。

朱厚照的一生看似短暂而又滑稽,但是后人也认为他的一生亦有可圈可点之处。后人分析朱厚照的人生故事,得出这样一个结论,就是他的骨子里住着一位将军。生在帝王家,身负统治天下的重任,朱厚照却一心想成为一位驰骋沙场的将军,所以他才会两次冒着生命危险,亲率大军,一心要与敌人决一胜负。不管后人如何意欲为其"平反",他也无法与他的父亲相提并论。

朱厚熜

明世宗朱厚熜(1507—1566),明朝第 11 位皇帝,被后人称为最幸运的皇帝。朱厚熜是孝宗朱佑樘弟弟朱祐杬的儿子,也就是朱佑樘的侄子,朱厚照的堂弟。朱厚熜本来是没有机会当皇帝的,顶多是继承父亲兴献王的王位,成为一名藩王。朱厚照一生声色犬马,却没有子嗣继承自己的皇位,这也是极具讽刺的事情。1521 年,31 岁的朱厚照去世了,群臣商议后将远在千里之外的朱厚熜接回了紫禁城。15 岁的朱厚熜,就这样"捡"了个皇位。

朱厚熜刚继位时还是比较贤明的。他整顿朝纲,减轻赋税,抗击倭寇,同时他也比较勤勉,经常会批奏折到后半夜。但是 2 年之后,一切都变了。朱厚熜继位第 3 年,发生了历时 3 年半之久、史称"大礼议"的政治事件,朱厚熜终于充分显露出皇权的淫威。起因是朱厚熜提出要追尊其生父为"皇考",意思就是把自己父亲的名号排进正统。这一想法一经提出就遭到了全体大臣的强烈反对。以杨廷和为首的大臣群情激奋,认为朱厚熜这个皇帝有点不地道,本来自己的皇位就不是正统,还要黑白颠倒,这置人伦纲常于不顾的做法是万万不可能实现的。朱厚熜当然不乐意自己的亲爹成为"皇叔",为了这个名号,他和大臣们争执了长达 3 年半的时间。最后在杨廷和被迫辞职后闹得最激烈:229名大臣跪伏于左顺门请愿,结果朱厚熜下令对这些大臣进行廷杖,16 人被杖死,其余都受了很严重的伤。

朱厚熜在位 45 年。前 20 年间,朱厚熜进行了大刀阔斧的改革。他诛杀奸臣,推行新政,严惩贪腐,重视农业,清除外患,整顿边防。这段时间史称"嘉靖中兴"。然而面对这样的大好局面,朱厚熜却失去了进取精神。后面的 25 年间,朱厚熜鬼迷心窍,迷恋上了炼制丹药,以求长生不老。25 年里,朱厚熜没有上过朝,整日与方士道士厮混在一起,炼丹修道。一位不上朝的皇帝,却能统治25年之久,朱厚熜的秘诀是什么呢?后人认为这就是朱厚熜的"聪明之处"。他虽然不上朝,但是不等于他不理朝政。朱厚熜有自己的学士为其处理一切朝廷政务,同时他将军权和兵权都牢牢地握在手中。朱厚熜让自己的内阁与太监互相牵制,共同为自己所用。他还牢牢掌握着锦衣卫和东厂等特务机关,任何风吹草动都逃不过朱厚熜的眼睛。25年里,亦没有遇到什么比较大的天灾人祸,朱厚熜就这样在追求自我"长命百岁"的路上顺便当了几十年的皇帝。

朱载垕

明穆宗朱载垕(1537—1572),明朝第12位皇帝。朱载垕与其父亲朱厚熜一样,在继承皇位这件事上都显得那么漫不经心。如果说朱厚熜的皇位是个惊喜,那么朱载垕的皇位就是个意外。朱厚熜深知子嗣对皇位传承的重要性,所以他每天的大事除了研究长生不老就是绵延子嗣了。即使后宫佳丽无数,朱厚熜的生子之路却是艰辛无比。朱厚熜在宫里修建庙坛,命大臣日夜祝祷,祈求自己早日生子。直到27岁,朱厚熜才迎来了自己的第一个儿子朱载基,朱厚熜大喜过望,珍视无比。可是不久这个儿子就夭折了,这对朱厚熜的打击非常大。朱厚熜便向道士请教缘由,道士给出的理由是"二龙不得相见",也就是说,皇帝与太子不能相见,若相见一方必遭厄运。朱厚熜对道士的话深信不疑,所以在其第二、第三、第四子出生后,朱厚熜真的没有看过他们一眼。朱载垕是第三子,因为其母杜康妃不得宠,加之没有享受过父爱,童年过得非常凄苦。16岁时,朱载垕就被封为裕王,迁出了皇宫,开始了府邸生活。本来朱载垕以为自己就这样一辈子做个王爷了,但是意外却发生了,他的二哥和四弟相继都去世了,朱载垕顺理成章被迎回了宫,继承了大统。

朱载垕在位只有6年,却是成绩斐然的6年。朱载垕在位期间,发生了著名的"隆庆和议"。明朝与蒙古多年不睦,蒙古屡屡进犯,让明朝各个时期的皇帝非常头疼。"隆庆和议"是明朝隆庆年间,在内阁大臣高拱、张居正等人的筹划下,明朝与蒙古达成了对俺答汗的封王、通贡和互市的协议。"隆庆和议"结束了明朝与蒙古近200年的敌对状态,这是朱载垕外交上最大的功绩。同时,朱载垕手下的文官有高拱、徐阶、张居正,武官有谭纶、俞大猷、戚继光,政治上一片清明。朱载垕时期还有2位名人,那就是"明代三才子"之一的徐文长和著名的医药专家李时珍。

朱载垕虽然好色，但是他有一个最大的优点，那就是脾气好，这也是他能取得巨大成绩的主要原因。朱载垕在上朝的时候，很少说话，大部分时间都是沉默的，任凭下面的大臣激烈辩论，他都只是笑而不答。等大臣们辩够了、辩累了，朱载垕再一锤定音给出结论。因为朱载垕的好脾气，大臣们也是知无不言，言无不尽，更是尽心尽力为国家、为朝廷着想。后人分析朱载垕之所以能够广开言路，宽厚待人，主要是因为他在府邸13年的经历。在裕王府，朱载垕亲眼看见了百姓的疾苦，对父亲执政的弊端深有体会，所以他一上任就严惩了严嵩等乱政分子，并将父亲养的一大批方士一网打尽。朱载垕用人不疑、疑人不用，这在历代皇帝中是非常难得的品质。

朱载垕的6年皇权生涯虽然短暂，但却是上到文武百官，下到黎民百姓幸福生活的6年。后人认为正是因为他执政的时间短，才造就了好皇帝的名声，如果再长几年，估计也会生出各种祸端来。不管怎么说，朱载垕统治时期确实是大明王朝的高光时刻，但是也是最后的一个高光时刻。

朱翊钧

明神宗朱翊钧（1563—1620），明朝第13位皇帝，明穆宗朱载垕第三子。朱翊钧在位48年，却有30年不上朝的记录，也是开了历史先河的。如果说朱载垕能够成为一个好皇帝主要原因是他执政时间短的话，那么朱翊钧的48年的执政期真的是太长了，所以他熬过了10年的"励精图治"期就疲倦了，这样分析似乎也不无道理。

朱翊钧的幼年和童年可谓是"别人家的孩子"。他天资聪颖，自小就非常喜欢读书，又非常有礼貌、孝顺。相传，朱载垕骑马时，年仅6岁的朱翊钧就对父亲讲："陛下乃万乘之躯，务需珍重龙体。"朱载垕龙颜大悦，觉得这个孩子如此年幼就有如此孝心，实属难得，以后定能成大器，进而对其格外看重。朱翊钧不仅孝顺父亲，对自己的亲生母亲和嫡母陈皇后都极为敬重，每日都要给生母和嫡母请安。朱翊钧的孝顺绝不是心机使然，他亲政后，也一如既往地孝顺两位母后。朱翊钧除了天性优势外，他所受到的教育也是最好的。朱载垕将自己最看重的大臣张居正命为朱翊钧的老师，一心一意要培养其成为自己的继承人。朱翊钧对张居正这位老师非常敬重，从来都不直呼其名，而是以"先生"或者"首辅"来称呼。张居正尽心尽力教育朱翊钧,也从不纵容这位皇子,对朱翊钧要求非常严格。名师出高徒,果然是对的。朱翊钧能在学业上有所建树还要感谢一个人,那就是他的生母李妃。李妃对朱翊钧要求非常严格,据说每天清晨5点钟,李妃就起床唤醒儿子读书,天天如此,雷打不动。若朱翊钧在读书时不够认真或者犯困打盹的话,李妃就会责令其跪下反省。李妃除了监督儿子读书,还是一位深明大义的人。如若朱翊钧犯了错,或者打了人,李妃从不偏袒,更不会以势压人。每每发生这样的事情,李妃就会大怒,并把儿子叫到身边严加责罚,甚至会以废太子相要挟,使其务必改邪归正。在一个家庭中,母亲对子女的成长往往起到了至关重要的作用,皇家也是如此。有李妃这样的好母亲,朱翊钧何其幸运。

1572年,穆宗朱载垕去世,10岁的朱翊钧成了继承人。朱载垕临终前将小皇帝交给了太傅张居正、大学士高拱和太监冯保,望他们全力辅佐。朱翊钧也没有辜负大臣们的苦心,在位前10年,朱翊钧与各位大臣相处得非常融洽,在经济、政治等方面都取得了很大的成就。然而张居正去世后,朱翊钧亲政,第一件事就是对张居正进行清算。张居正呕心沥血辅佐小皇帝,终有一日,小皇帝羽翼丰满了,所有教导可能就成了罪过和僭越了。从这件事上也可以看出朱翊钧对权力的渴望,他早已不甘心躲在张居正的背后了。急于建功立业的朱翊钧又发起了"万历三大征",就是对东北地区、西北地区、西南地区展开的三次军事行动:抗倭援朝、镇压宁夏叛乱、讨伐杨应龙。在这三次战争期间,朱翊钧无不表现得急功近利。

然而10年之后,朱翊钧完全表现出了另外的样子。他不再关心政事,而是躲到后宫中30年,以至于当时的大臣们大部分没见过皇帝,皇帝也不认识自己的大臣。朱翊钧"懒政"的导火索是他与臣子们就立太子一事发生了巨大分歧。朱翊钧曾一时不慎宠幸了一个宫女,然后宫女生下了皇子朱常洛,也是他的长子。朱翊钧最宠爱的郑贵妃又为其生下了皇子朱常洵,这让朱翊钧本就倾斜的心更加倾斜了。朱翊钧对长子朱常洛母子更加不放在心上了,一心想要立朱常洵为太子。不立长子为太子,对众大臣来说,那是万万不可的,是坏了祖宗规矩的。朱翊钧与众大臣因为立太子之事展开了激烈的斗争,这斗争一下子就持续了十几年。大臣们苦口婆心,天天请奏,朱翊钧被搞得不厌其烦,终于不再上朝,对大臣们更是避而不见了。即使这样,大臣们仍然不肯善罢甘休。他们通过太监将折子递给皇帝,继续为太子之事奔波。最后朱翊钧还是妥协了,立朱常洛为太子,国本之争终于落下了帷幕。

朱翊钧前期开创了"万历中兴"的大好局面,但是却没有将大好局面维持下去,真是一大憾事。仅仅因为立国本之事,就30年不临朝,对于统领江山的一代帝王来说,不能用意气用事来解释,只能说他的心中没有人民、没有天下,更忘了祖宗的遗志。

朱常洛

朱常洛(1582—1620),明朝的第14位皇帝,也被称为"一月天子"。朱常洛真可谓是明朝最"悲催"的皇帝,没有之一。父亲朱翊钧因为朱常洛的生母低下的出身,而不想承认他,更不愿立他为太子,进而和大臣们赌气30年不上朝。朱常洛18岁时,父亲勉为其难立其为太子。朱常洛在太子之位上坐了20年,38岁时才登基。朱翊钧最宠爱的郑贵妃,即朱常洵的生母,因为惧怕新帝朱常洛的打击报复,竟先发制人,给朱常洛选了8位绝色美女。朱常洛日日美女环绕,歌舞升平,没多久就去世了,在位仅仅28天。

朱常洛在位期间,发生了著名的"梃击案""红丸案"和"移宫案",并称明末三大谜案。朱常洛是明朝在位时间最短的皇帝,也是最没有存在感的一位皇帝。

朱由校

明熹宗朱由校(1605—1627),明朝第15位皇帝,明光宗朱常洛长子。朱由校因为其父亲朱常洛的关系,从小也是一个不得宠爱的皇孙。因为缺少疼爱,所以后世多有传说认为朱由校没有受过什么教育,是个文盲。其实这个说法是错误的。朱由校是接受过教育的,只是早年没有经历过出阁读书,但是他的老师孙承宗就记录过他学习时的情景,也夸奖过他的书法。可见,朱由校只是没有经历过正规的教育,但是他并不是一个文盲。

后人对朱由校最大的印象无外乎他是一个"木匠皇帝"。朱由校对木工活非常痴迷,已经达到了专业的水平。他每天都会花费大量的时间做木工,小到花鸟虫鱼,大到紫禁城的三大殿,朱由校都信手拈来。他给自己做了一张床,可以折叠,然后自己就躲在木工房里几天不出来,累了就在折叠床上睡觉,醒了继续做木工，所以有人认为折叠床的发明者就是朱由校。朱由校曾经命自己身边的人拿着自己的作品去集市上卖，结果被一抢而空。但是朱由校的作品几乎没有流传下来，只有一件木雕壶，让后人见识了他的手艺。这件木雕壶即使在今天来看，依然是木工精品。

朱由校真的是被木工耽误的皇帝。然而，在朱由校的时代，明朝已经处于内忧外患之境地。在这样的情势下，朱由校又遇人不淑，启用宦官魏忠贤，使明朝的局势更是雪上加霜。魏忠贤擅于钻营，又心狠毒辣。据说魏忠贤专挑皇帝朱由校做木工活儿最起劲的时候去奏报，然后朱由校根本无心听他的话，便以一句"朕知道了，你去照章办理就是了"了事。但是今天有人认为，重用魏忠贤正是朱由校的高明之处。朱由校正是利用魏忠贤与东林党之争，使其相互制约，致使双方都不能动摇大明根基，都无法掌控大局，最终大局牢牢地掌控在自己的手中。但是，魏忠贤手握大权，在朝廷内极力排除异己，作威作福，加重了百姓的负担，同时他对东林党人残忍迫害，致使杨涟、左光斗、魏大中等东林六君子枉死，这一件件、一桩桩，朱由校都难辞其咎。

朱由校共有 3 个儿子，但是都是在 1 岁多的时候就夭折了。关于朱由校的儿子，这里不得不提到一个人，那就是朱由校的乳母客氏。客氏生得妩媚，照顾朱由校长大，朱由校对其极其依赖。客氏却不是一个善良的人，她看重朱由校的皇长子身份，觉得朱由校是个可利用的人。正如客氏所料，成人后的朱由校对客氏言听计从，使得后宫一片乌烟瘴气。客氏又勾结了太监魏忠贤，两人结成"菜户"，共同在朱由校面前兴风作浪。客氏和魏忠贤不仅害死了朱由校的 3 个儿子，还将怀孕的张裕妃活活饿死，这样朱由校便再无子嗣。

1627 年，朱由校在魏忠贤和客氏的陪同下，泛舟游玩，却不慎落水。被救起的朱由校身体每况愈下，经多方医治，终不得好转。朱由校在临死时，将帝位传给了弟弟朱由检。

朱由检

朱由检（1611—1644），明朝的第 16 位皇帝，也是明朝最后一位皇帝。朱由检是朱常洛的第五子，朱由校的异母弟弟。因为父亲朱常洛的缘故，再加上生母地位低下，朱由检也是个不受待见的皇子。16 岁时，他从哥哥的手上接过大明王朝的帝位，这到底是幸运还是不幸呢？

朱由检上任后的第一件事，就是割除了魏忠贤这个祸害。魏忠贤是朱由校统治时期最有名的宦官，朝廷上下、军队内外都是魏忠贤的人，号称"九千岁"，就连皇帝朱由校都成了他的傀儡。守着一个无心朝政的朱由校，魏忠贤风头无人能敌。然而朱由校命不久矣，魏忠贤也慌了，他要赶紧给朱由校找个继承人继续做自己的傀儡。魏忠贤和客氏谎称朱由校的妃子中有一个正怀有身孕，并赶紧去民间找这样一个怀孕的女人。朱由校可能这一生做得最正确的一件事就是没有听信魏忠贤的谎话，而是立了自己的弟弟朱由检为继承人。朱由检深知魏忠贤是何种人，当有人上奏弹劾魏忠贤的时候，朱由检先是不露声色，以免打草惊蛇，等到时机成熟时，朱由检以护送魏忠贤去凤阳为名，将魏忠贤送出了宫，这相当于撸了魏忠贤所有的权力。当群臣终于参透了朱由检对魏忠贤的态度后，弹劾奏折如雪片般飞来。魏忠贤惶惶不可终日，最后在客栈自杀了。朱由检在惩办魏忠贤过程中的表现，俨然具备了一位成熟君主的冷静和沉着。

朱由检做的另一件事就是启用猛将袁崇焕。当时后金虎视眈眈，朱由检无人可用来抗金。这时袁崇焕站出来表示要去抗金，并立下 5 年内平辽的军令状。朱由检欣喜过望，非常支持。袁崇焕没有 5 年平辽，却用 2 年的时间就让金兵打进了北京城。这时有人大进谗言，说袁崇焕勾结金兵，引狼入室。朱由检轻信谗言，杀了袁崇焕。袁崇焕也不算枉死，文官出身的他，并不具备高超的军事能力。他杀了毛文成，使金兵没有了威胁，也是导致金兵势力强盛，最后打进北京的一个原因。在启用袁崇焕这件事情上，朱由检表现得过于急躁和鲁莽。首先 5 年平辽这样的大话他竟然相信了，其次轻信小人杀袁崇焕也让将士们寒心。从此不少将士投靠了金兵，而留下的将士也无心杀敌，都恐自己落得和袁崇焕一样的下场。

朱由检时期，金兵尚不是明朝最大的威胁，明朝最大的威胁是李自成、张献忠等人领导的农民起义军。张献忠和李自成被杨嗣昌制定的"十面张网"计划打得近乎全军覆没。这本该是一鼓作气，消灭他们的大好时机。结果朱由检听说张献忠要向他投降，于是便让杨嗣昌放弃赶尽杀绝。另外李自成也没有要当皇帝的野心，他只是希望朱由检能给他封个王，甚至愿意帮助朱由检攻打后金。然而，年轻气盛的朱由检还是太自信了，认为自己堂堂天子怎能与贼寇妥协，拒绝了李自成的提议，再一次错失良机。

朱由检不懂军事，又性格多疑，多次插手军事行动，导致明军战败。比如松锦之战和潼关之战,朱由检都是怕当时的将领洪承畴和孙传庭拥兵自重,而在关键时刻发出错误的指令,导致二人一个被俘一个被杀,明军受到重创。

1644 年 3 月 19 日,李自成的起义军攻占北京城。崇祯帝朱由检在满朝文武百官如鸟兽散的情况下,命令皇后自杀,用剑刺死公主,携太监王承恩来到景山,与王承恩一起缢死于槐树下,时年 34 岁。崇祯帝朱由检缺少一代帝王应有的智慧、担当和耐心。朱由检经常被后人称为"亡国之君",呈现给后人的画面也往往是煤山上一棵歪脖树和一条白绫。其实,明朝发展到朱由检时代,200 多年积累下来的弊病已经无法根治,也就是说他从哥哥手上接过来的其实是个烂摊子,任由自己再怎么努力,也是回天无力了。

蒯祥

蒯祥(1398—1481),明建筑大师,北京明故宫设计者。

Kuai Xiang

Kuai Xiang (1398—1481) is a master of architecture and the designer of the Palace Museum in Beijing in the Ming dynasty.

蒯祥,出身于木匠世家,其父蒯福是个著名木匠,明永乐中为木工首。在大批江南工匠北上营建皇宫时,蒯祥随父到北京。后父亲以老告退,蒯祥代替了父亲的位置。由于蒯祥技艺精湛,又善解"圣意",被选中为宫殿的总设计师。有《明宫城图》画其像,记其功,皇帝亦常呼他为"蒯鲁班"。官至工部左侍郎,食从一品俸。1436 至 1449 年,他负责重建故宫三大殿。蒯祥精尺度,凡经他预先测量过的建筑材料,毫厘不爽;他亦擅长榫卯,并能双手握笔画龙,画成合之,双龙如一。蒯祥 80 岁后仍执技供奉。北京旧有蒯侍郎胡同,为建筑工匠居住处。其坟墓在家乡香山渔帆村头,现为省级文物保护单位。香山匠人至今尊其为祖师爷,其里业工匠者历代甚众,名匠辈出。

也有人认为这一说法证据不足,他们认为蒯祥只是故宫的施工者,而非设计者。持这一说法的人认为,蒯祥于 1417 年才从南京来到北京,而此时,紫禁城已经进入了施工阶段。他们认为无名之辈蔡信才是故宫真正的设计者。

长平公主

长平公主,一位生不逢时的公主,一位让后人意难平的公主,只有在后人的传奇故事中续写她不平凡的一生。

Princess Changping

Princess Changping was born at a wrong time, and her life was full of disappointments and regrets that we can not reconcile with them. Only in the legends of future generations can we continue to write about her extraordinary life.

朱媺娖(1630—1646),明朝长平公主,崇祯帝朱由检次女,母为孝节烈皇后周氏。

明崇祯帝是明朝少有的勤政的皇帝,但是他也算生不逢时,在明朝大势将去的时候出生,无论怎样努力都难以改变定局。当时明朝受到清军和农民军的双重打击,已无反击之力。1644 年,当李自成的大顺军到达紫禁城的时候,朱由检只能仰天长叹。朱由检先是派人将自己的 3 个儿子带到外戚家中躲藏,然后自己来到后宫逼迫皇后和妃嫔们自缢。朱由检不想让女儿受到农民军的迫害,他来到长平公主面前,挥刀砍掉了长平公主的左臂,公主倒地,朱由检实在不忍心再补一刀。然后朱由检又刺死了年仅 6 岁的三公主。5 日后,长平公主苏醒过来。

清军入关后,皇宫内一片尸海。官兵在一口枯井中发现了长平公主。长平公主获救后,上书顺治帝,表达自己预出家为尼之心,可见公主身心俱伤。顺治帝没有同意公主的请求,将她赐婚给了原定的驸马周显。周显是周尚书的公子,风度翩翩,一表人才。婚后,长平公主夫妇关系非常融洽。周显没有因为她失去一只手臂而嫌弃她,反而对她疼爱有加。长平公主擅长烹饪和诗文,与夫君度过了一段幸福的时光。但是长平公主无时无刻不在思念自己死去的父母,牵挂 3 个南逃的哥哥,更是因为身在清朝的统治之中惶惶不可终日,终因积劳成疾,身体每况愈下。1646 年,长平公主口吐鲜血,一病不起,很快就去世了,死时只有 18 岁。作为明朝的遗珠,长平公主受到了清朝皇室的格外照顾。这其中有三个原因:其一,清朝需要长平公主这样的人物来给自己立宽厚仁慈的人设;其二,清朝利用对长平公主的优待来感召明朝遗士,进而对他们招安;其三,毕竟只是个公主,对清朝统治没有任何的威胁。

关于长平公主的传说很多。身为一朝公主,享过荣华富贵,身负国耻家仇,经过乱世飘零,而且貌美、博学、独臂,这样的经历和形象,根本不需要加工修饰。金庸先生小说《碧血剑》中的阿九、《鹿鼎记》中的独臂神尼九难以及梁羽生先生的小说《江湖三女侠》中的独臂神尼都是以长平公主为原型。从所有关于长平公主的传说和演绎中,我们可以看到人们对这位命运多舛的公主抱有极大的同情心。善良的人们希望以虚构的形式或者幻想的形式,给这位公主一个幸福的结局。

孝庄文皇后

孝庄文皇后,这位被后人传了又传、唱了又唱的女性,她的一生值得研究。

Emperess Xiaozhuang

Emperess Xiaozhuang, a woman whose life story has been passed down and highly praised continuously by later generations, deserves to study.

一、姑侄三人,共侍一夫

孝庄文皇后(1613—1688),博尔济吉特氏,名布木布泰(亦作本布泰,意为"天降贵人"),蒙古科尔沁贝勒宰桑·布和之女,孝端文皇后侄女,敏惠恭和元妃之妹。1625 年,年仅 13 岁的布木布泰嫁给皇太极。1634 年,布木布泰的亲姐姐海兰珠嫁给了皇太极后,与妹妹和姑姑一起姑侄三人共侍一夫。1636 年,皇太极改元称帝,册封后宫妃嫔,而布木布泰成为五宫之末,为庄妃。

虽然这时候的庄妃并不得宠,但是她的政治才能已经不容小觑。根据历史学家蔡东藩所载:崇祯十五年,明朝大将洪承畴兵败被俘,拒不投降。皇太极软硬兼施,方法用尽,洪承畴宁死不屈。正在皇太极沮丧的时候,庄妃自告奋勇,说她有办法让洪承畴松口。

庄妃从洪承畴家人的立场出发,提着酒和参汤去见洪承畴。她与洪承畴不谈国事,只谈家事,三言两语就让洪承畴破了防。谈话结束,洪承畴表示愿意归降,皇太极与群臣都惊呆了。

二、儿子登基,母凭子贵

1643 年 8 月,52 岁的皇太极猝死于盛京,因为事发突然,生前并未指定皇位的继承人。皇太极是努尔哈赤的第八子,多尔衮是第十四子,两兄弟之间的感情一直不错。皇太极曾经打压过自己的哥哥代善,也对其他兄弟诸多忌惮,但是对多尔衮,皇太极似有提携之意。多尔衮 16 岁起就跟着皇太极南征北战,历练成了一位战功赫赫的将军。皇太极的长子豪格,也是一位颇有战功的人物。当皇太极去世后,支持豪格继位的人很多。但是因为当时的清朝对皇位继承制度没有严格规定,也就是说"父死子继"或者"兄终弟及"都是可以的。皇太极虽然在世时没有立储,但是他不会是想不到这个问题的。当时各旗势力和关系非常复杂,往往牵一发而动全身。即使皇太极预立自己的儿子为储君,也不敢贸然行事,生怕激起各旗的利益之争。皇太极去世时,豪格与多尔衮无论是战功还是军事实力上都是势均力敌,两人拥兵的数量占了当时整个清朝军队的一半。如果此时豪格和多尔衮因为继承王位的问题发生冲突,那必定会对清朝的统治造成毁灭性的打击。当时的清朝并未在关内完全站稳脚跟,明朝的残余势力正在虎视眈眈,意图力挽狂澜。这个时候的豪格和多尔衮都不可能因为自己的私欲而置大清江山于不顾。所以当郑亲王济尔哈朗提出了折中的方法,立福临为继承人的时候,豪格和多尔衮都没有表现出任何的反对。这样福临成了皇帝,孝庄成了太后,开启了人生的另一番天地。

三、母性伟大,政治牺牲

崇政殿之争后,最终由 6 岁的爱新觉罗福临继位,郑亲王济尔哈朗和睿亲王多尔衮摄政。清廷入主中原的第 4 年 2 月,以善于审时度势而见著的郑亲王济尔哈朗便以自污的方式假装逾制,被罢去了辅政职务,以退为进保住了身家性命。1648 年 3 月,豪格莫名其妙去世。之后,整个王朝由多尔衮独揽大权。面对多尔衮强大的势力,孝庄与福临这一对孤儿寡母的日子十分艰难。但是孝庄总是能想出办法化解危难,让多尔衮成了皇帝的支持者和扶持者,这其中孝庄到底做了多少工作外人就不得而知了。

四、圣祖亲奉、三代尊崇

多尔衮去世后,顺治帝对其定罪、抄家、褫夺封号、掘坟、鞭尸、曝尸荒野,可见顺治帝对那段忍辱负重的日子一直耿耿于怀,甚至对母亲的做法也是不赞同的。被压抑太久的顺治帝,变得特别叛逆。他废掉母亲选的皇后,又不顾孝庄反对,独宠董鄂妃。种种迹象表明,顺治亲政后,他和母亲的关系并不好,直到他去世,母子关系都没有得到缓和。

在顺治的生命日薄西山之时,孝庄又从3个皇孙之中,慧眼识珠地挑中了康熙,使其成为"千古一帝"。

康熙帝玄烨8岁登基,14岁亲政,16岁智擒鳌拜,之后平三藩,收台湾,所有这一切都有祖母孝庄的功劳。

孝庄之所以被称为贤后,是因为她自始至终明白自己的位置和责任。她辅佐了三代帝王,却从未揽权,这和慈禧太后有着云泥之别。

孝庄的一生,中年丧夫,老年丧子,辅佐6岁登基的儿子、8岁登基的孙子,中间的经历不是常人能想象得到的,也不是常人能胜任的。孝庄的晚年非常幸福,因为康熙帝对祖母极其孝顺。孝庄病危之时,康熙帝亲自侍疾,昼夜陪伴,并向上天祷告,请自减寿命以延长祖母寿数。

五、孝庄下嫁之谜

福临是皇太极的第九了,既不是最大的也不是最小的,那么为什么是他继承皇位而不是别人呢?这就引出了民间对孝庄下嫁多尔衮的传说了。许多宫廷剧中都将孝庄与多尔衮塑造成了一对苦命鸳鸯,少年时青梅竹马,却最后成了叔嫂关系。这段宫闱故事被传了一代又一代,但是终因证据不足被否定了。1626年秋天,努尔哈赤逝世,多尔衮的母亲陪葬,此时的多尔衮只有15岁,便随哥哥皇太极一起生活。孝庄13岁进宫,她比多尔衮小1岁,与多尔衮经常见面并一起玩耍是非常有可能的,但是不能因为这一点就认为两人有"暧昧"关系。明代遗臣张煌言曾写过一首诗《建夷宫词》,里面描述了多尔衮和孝庄在慈宁宫举行婚礼的事宜。首先张煌言是著名的抗清人士,他对清朝的偏见可想而知,所以他的话可信度不高。慈宁宫于1653年才建成,而多尔衮去世于1650年,这里的矛盾显而易见。另外有人以顺治称呼多尔衮为"皇父"为由,猜测多尔衮与孝庄之间的关系。当时的多尔衮是顺治帝的"叔父摄政王",那么后来变成了顺治帝的"皇父摄政王",原因无外乎两个,一个是顺治帝过继给了多尔衮,另一个就是孝庄嫁给了多尔衮。以今天的理解,这个说法似乎非常合理。其实在当时的满族,"皇父"只是一个尊称,这个尊称多次出现于满族档案之中。"皇父"通常是皇家晚辈对皇帝的尊称,也有一些官员,阿谀奉承皇帝,会称皇帝为"皇父"。据记载,康熙年间,一位负责为皇家印书的官员生病了,康熙对其表示关心,两人的书信、奏折来来回回有十几封,其中这位官员就有两次称呼康熙为"皇父"。还有一个作为孝庄下嫁有力证据的是孝庄太后下嫁诏书,这一诏书出现于《孝庄秘史有感》一书中的抄本《东华录》中。但是至今为止,没有人见过这个诏书,清宫档案中也未曾有过任何记载,所以这一诏书的真实性实在存疑。多尔衮去世时,顺治尊其为皇帝,并进行厚葬。但是仅仅数月,多尔衮就遭多人弹劾。顺治将多尔衮褫夺封号并抄了家。后人也将这件事解读为顺治对多尔衮与其母亲之间的关系心生恨意而为之。孝庄去世后,并未下葬昭陵,她的遗诏是这样解释的:卑不动尊,所以不宜合葬。其实孝庄不愿与皇太极合葬这件事是完全可以理解的。皇太极被葬在关外,而孝庄在关内生活了那么多年,她肯定不愿意劳师动众再去关外受苦寒。皇太极的身边已经有皇后与其合葬了,孝庄不去合葬合情合理。孝庄生前并未得到皇太极的宠爱,死后不愿合葬情有可原。孝庄不合葬的真正意图可能真的如她所说,"卑不动尊",但是为什么后人就是选择不相信呢?

关于孝庄与多尔衮的关系,民间纠结了这么多年,答案终不得解。其实理智地想一下,孝庄是一位性格坚韧、头脑清晰、心智成熟的女性,她时刻清楚自己的身份和职责,这样一位女性是不会让自己的感情凌驾于理智之上的。关于两人是否结婚这件事,史学家普遍达成一致,认为是不可能的。那么为什么会有这样的传说出现呢?可能主要是民国时期的一些野史小说,对二人的关系大加渲染的缘故吧。

苏麻喇姑

苏麻喇姑,一位出身寒微的弱女子,却与千古一帝和太后产生了密切的联系,并在他们的生活中扮演着非常重要的角色。苏麻喇姑在皇室中举足轻重的作用,更让我们相信人的力量和人对命运掌控的能力。

Aunt Suragu

Aunt Suragu, a weak woman of modest birth, had a close relationship with the emperor and the empress dowager and played a very important role in their lives. Aunt Suragu's role in the royal family makes us believe in people's strength and their ability to control their destinies.

苏麻喇姑(1612—1705)，孝庄文皇后的侍女。苏麻喇姑出生于一个非常普通的蒙古族牧民家庭，最初的名字是苏茉儿，或是苏墨儿，为蒙语音译，意思是"毛制的长口袋"，顺治晚期或康熙年间改满名苏麻喇，意思是"半大口袋"。她病逝后，宫中上下都尊称她为苏麻喇姑。

一、擅长女红

苏麻喇姑虽然出身贫苦，却是个聪明伶俐的孩子。10岁的时候，她就因为擅长女红，方圆十里没有不知道这个孩子的。经过她裁剪的衣服，既合身又美观。正是因为这个原因，贝勒府宰桑的二女儿布木布泰，就是后来的孝庄文皇后，带着布料慕名而来，让苏茉儿给做几身衣服。苏茉儿做的衣服，让孝庄非常满意，从此苏茉儿就成了孝庄的贴身侍女。

皇太极称帝后，为进一步强化自己的政治地位，对一系列的规制都进行了改革，其中就包括对官服的改进。皇太极要求他统治时期的官服既要继承努尔哈赤时期的传统特色，更要能体现穿衣人的等级和地位。孝庄深知苏麻喇的能力，就推荐她来参与其中。苏麻喇聪慧的心智和大胆的创新能力这时就发挥出来了。她充分吸收了满、蒙和汉族服装的优点，将三者有机结合，做出来的官服令人惊叹。苏麻喇参与改制的官服一直沿用到了清朝末期。作为一个婢女，能参与朝服的改进工作，可见当时皇家对她的认可。

二、刻苦好学，精通蒙、满语

苏茉儿一路陪孝庄来到盛京，开启了皇宫生活。孝庄异常智慧，深知在满族皇宫，自己必须掌握满语。主仆两人便开始了满语的学习。经过两年的刻苦学习，两人都完全掌握了满语，苏茉儿的满语更是十分出色。

清朝初年，有一种疾病让宫中的人闻风丧胆，那就是天花。天花这种疾病是靠空气传播的，所以它的传播速度非常快，染病之人只要一天到一周的时间就可以毙命。顺治帝是染天花去世的，多铎、代善的儿子等皇家贵族都是染天花而死。连皇帝都没能治愈，天花的危害可想而知，宫里的人更是"闻天花色变"。其实天花这种疾病在当时的汉人中并没有那么可怕，汉人已经经历过了很多次的天花大流行，活过来的人基本对这种疾病有了抵抗力。满族人入主中原之前，生活在东北地区，因为人口稀疏，这种疾病没有传播的条件，所以他们基本没有受到天花的侵扰。入主中原以后，与汉人接触多了，增加了感染的机率。因为对这种疾病没有任何抵抗力，所以一旦染病，便无药可救。皇宫里没有染病的皇家子弟都到宫外去避痘，包括玄烨。2岁的玄烨在宫外避痘期间，只有一个人为他的生活和教育打点一切，那个人就是苏麻喇。苏麻喇每日骑马往来于玄烨住处和皇宫，直至玄烨出痘痊愈。

玄烨重返紫禁城时，已经是个非常精通满语的孩子了，连孝庄都感慨玄烨的满语水平。这一切都归功于苏麻喇的精心教导。

三、聪慧勇敢

顺治去世后，关于皇位的争执一时难分胜负。聪慧的孝庄知道多尔衮是皇位的最大竞争者，但是她还是要奋力一搏为自己的儿子争取这个机会。孝庄曾派苏麻喇给多尔衮送去两封信。第一封信主要是孝庄向多尔衮诉说当年两人一起长大的情谊。当苏茉儿去送第二封信的时候，多尔衮非常排斥。苏麻喇冒着生命危险，走到多尔衮的面前，勇敢地向多尔衮传达孝庄的意思。多尔衮最终放弃了争取皇位的念头。苏麻喇于孝庄而言，真的是不可多得的好助理。

四、抚养胤祹，皇家功臣

苏麻喇得到了全体皇族的尊敬，康熙帝和其子女们都称她为妈妈。孝庄在去世之前更是将自己的曾孙胤祹托付给苏麻喇来抚养。这对一个侍女来说，无疑是无上的尊荣。

康熙晚年的"九子夺嫡"事件，胤祹虽然手握重兵，却是唯一一个没有参与其中的皇子。胤祹78岁去世，是康熙24位皇子中寿命最长的一位。胤祹的优秀品格和做事风格无不受到了苏麻喇姑的影响，因此他能审时度势，明哲保身。

胤祹成年后，不再需要苏麻喇的抚育，苏麻喇便开始了自己恬淡而自在的晚年生活。苏麻喇信奉佛教,日日诵经为主子们祈福。苏麻喇深知自己的身份,更是把自己一生的所获都归功于主子们的恩赐。1705 年 10 月 24 日,苏麻喇姑去世。苏麻喇姑的葬礼全程有诸位皇子的参与,胤祹更是为其守灵。苏麻喇姑的灵柩与孝庄太后置于一处。苏麻喇姑一生未嫁,但她却把一颗慈母之心献给了清朝皇室,先后侍奉了四朝主人,帮助孝庄文皇后培养了一代杰出君王——康熙。

五、与康熙的关系

苏麻喇姑与康熙相差 42 岁,属于康熙祖母级别的人物。苏麻喇姑对孝庄文皇后非常敬重,一生都对其感恩戴德。她深知是孝庄改变了自己的命运,让自己有机会伺候在侧。她视康熙帝为神明,一生对康熙毕恭毕敬,一直以"奴才"自称。苏麻喇姑就是康熙帝的老师、长者和亲人。

珍妃

珍妃,一个充满传奇色彩的女人,一个至今仍被世人津津乐道的女人。她的一生可谓是毁誉参半。她接受过西方思想,敢于和宫廷封建礼教相抗衡,拥有过人的胆识和意志。同时她也弄过权、卖过官。作为一代帝王的宠妃,她有过人生的高光时刻,也经历过世人无法想象的磨难,最终成了封建社会的牺牲品。

Concubine Zhen

Concubine Zhen, a legendary woman, is still talked about by people today. Her whole life is a mixture of denigration and praise. She has received western thoughts, dared to compete with the feudal ethics of the court, and possessed extraordinary courage and willpower. At the same time, she also played politics and sold official posts illegally. As a favorite concubine of an emperor, she had highlight moments in her life, and experienced hardships that we could not imagine, and finally became a victim of feudal society.

珍妃,满洲镶红旗人,为清朝光绪帝仅有的两个妃嫔之一。

珍妃性格开朗,活泼好动,猎奇心强,这与珍妃的生长环境有关。珍妃与其姐姐瑾妃自幼随伯父长善在广州长大。广州将军长善虽为武将,却聘文廷式教习两位侄女读书。文廷式乃一代名士,后连榜高中得为榜眼。从小受过良好教育的珍妃,加之外貌俊美,深得光绪帝的喜爱。

这样一位深得圣心的珍妃,宫廷生活却是一个悲剧。光绪不得不听从慈禧的安排选了慈禧的侄女隆裕为皇后,但是光绪的爱却给了珍妃。这就是珍妃受到皇后和太后两方打压的主要原因。珍妃喜自由,喜新生事物。她曾获得一架照相机,并特别感兴趣,乐于拍照。她也做过卖官受贿的事情。皇帝对她的专宠是她悲剧人生的主要原因。

"褫衣廷杖"(意为脱去衣服直接对肉体施刑)这一刑罚主要针对朝中大臣,在珍妃之前还没有过对嫔妃施刑的先例。珍妃是唯一受此刑罚的妃嫔,并且受过两次。慈禧太后将对光绪帝的火气全都撒在了珍妃身上,旧账新账一起算,珍妃的下场可想而知了。

1900 年 7 月 20 日,八国联军兵临北京城下。慈禧决定带光绪等一行人出走西安。在这危急时刻,慈禧竟然想起了"旧人",即被她囚禁了的珍妃。慈禧以"珍妃年轻貌美,必遭洋人侮辱,愧对列祖列宗"等借口,强调带走珍妃不便,留下又恐其年轻惹出是非,命太监将乐寿堂前的井盖打开,要珍妃自尽,遂令太监将珍妃推入井中,珍妃死时年仅 25 岁。

1901 年銮驾回京,珍妃被追封为贵妃,其家人获准将尸体打捞出来,安厝(停放灵柩待葬或浅埋以待正式安葬)于西郊田村,后葬于清西陵的崇陵妃园寝。清末宣统帝逊位后,珍妃之姐瑾妃在井北侧之怀远堂东间为珍妃设小灵堂,立牌位,以示哀悼。

午门血案

一群文官,当着朱祁钰的面,打死宦官王振党羽三人。血溅朝堂创下历史第一也是历史唯一,众臣的拳拳赤子之心令人感动。

Bloody Case at Meridian Gate

A group of civil officials beat three eunuchs, Wang Zhen's followers, to death in front of Zhu Qiyu. It was the first and the only bloody case in court that happened in history. The devotion of all the ministers is still touching today.

1449 年 9 月 1 日，身为臭名昭著的明朝四大阉宦（王振、汪直、刘瑾、魏忠贤）之首的王振，不顾群臣反对，撺掇明英宗朱祁镇对蒙古瓦剌大举出兵。朱祁镇率领精锐部队 20 万人马出战，却败得一塌糊涂，后称"土木堡之战"。皇帝朱祁镇被瓦剌俘虏成了人质。

受到重创的文武百官一时接受不了这样的失败，王振被皇帝身边的护卫直接刺死。国不可一日无君。紫禁城内，在孙太后的主持下，郕王朱祁钰先是监国，然后即位称帝，朱祁镇就这样成了太上皇。

1449 年 9 月 9 日，郕王朱祁钰亲临午门左掖门（东侧）主持朝议时，众大臣集体发声，请求抄灭王振全族，并称："振倾危宗社，请灭族以安人心。若不奉诏，群臣死不敢退。"就在朝堂之上，大家吵吵嚷嚷，群情激愤。朱祁钰被吓得不知所措，无法做出决定，只想溜之大吉。众臣对王振一流祸国殃民的太监党早已忍无可忍，终于有人撕了个口子，那怒气如千里决堤般喷涌而出。众大臣见朱祁钰想跑，赶紧围追堵截，并扬言皇帝今天不给个了断誓不罢休。

已触众怒的王振党羽马顺，可能是平时豪横惯了，竟不识时务地站了出来，厉声呵斥想吓退文武百官。面对如此嚣张跋扈的马顺，户科给事中王竑突然冲出人群，用嘴咬掉了马顺下巴的一块肉。血腥场面并没有吓到群臣，相反群臣蜂拥而上，一顿拳打脚踢，竟将马顺活活打死了。大臣们又将王振另两个党羽毛贵、王长群殴致死。

人死不能复生，群臣看到溅满鲜血的朝堂，一时不知如何收场。22 岁的朱祁钰已经被吓破了胆。正当大家惊慌失措时，兵部侍郎于谦从人群中硬挤到朱祁钰身前，扶臂劝导道："马顺等人罪当死，不杀不足以泄众人愤怒。况且群臣心为社稷，没有其他想法，请不要追罪于各位大臣。"朱祁钰听从了于谦的主张，降旨肯定了百官的正直之举，宣布群臣没有罪责，不再追论。

凭借午门血案，明朝中央将王振党羽清除掉了。太后命于谦为兵部尚书。明朝的众大臣全部转入京师保卫战的筹备工作中，众志成城，最终取得了京师保卫战的胜利。可以说，午门血案的处理结果为京师保卫战的胜利打下了坚实的基础。

午门血案的另一个作用就是让左顺门一举成名，成了士大夫心目中的"圣地"。左顺门,就是今天的故宫协和门,始建于 1420 年,直到 1562 年改称会极门,到了清顺治初年才改叫协和门。

朱祁钰在监国以及刚登基的时候,因为名不正言不顺以及需要及时处理京师保卫战的相关事宜,就一度把午朝搬到了左顺门。所以午门血案,其实是发生在左顺门。

明朝谜案

明朝是一个斑斓多姿的朝代,在其统治的 276 年里,发生了许多大大小小让人费解的事情。这些发生在宫廷的谜案,至今史学界仍然没有达成统一说法。

Mystery Cases of the Ming Dynasty

The Ming dynasty is a colorful and various dynasty, and many puzzling things happened during its 276 years of reign. These mysterious cases happened in the court, and there is still no consensus in the historical circle.

壬寅宫变

明朝的皇帝通常在乾清宫安寝,有时也去各嫔妃那里过夜。乾清宫暖阁有 9 个房间 27 张床,这是为了皇帝的人身安全而设计的。皇帝的寝宫本来就戒备森严,即使刺客能顺利进到寝阁,这么多数量的床铺,要找到皇帝也要费一些功夫。但是对于时刻侍奉于皇帝身边的宫女来说,这可不是什么难事。

1542 年 10 月 21 日,注定是个不平凡的日子。嘉靖帝朱厚熜睡在最得宠的曹端妃的寝宫中。就在皇帝以为安枕无忧要进入梦乡的时候,一群宫女却实施了早已密谋好的杀死皇帝的计划。宫女们用事先准备好的绳子,准备勒死皇帝。但是慌乱中出了错,绳子打了死结,怎么使劲也勒不死人。情急之下,宫女们拔下头上的簪子想刺死皇帝,但是天不遂人愿,她们终没有成功。眼见事情败露,一个叫张金莲的宫女为了自保赶紧跑去报告了皇后,然后皇帝被救了回来。涉事的 16 名(也有说 15 名的)宫女连同家族都得到了惩罚。曹端妃和宁嫔也被处死了。

关于"壬寅宫变",史料记载并不全面,尤其是对宫女刑讯的记录更是不够详细,据说宫女们的供词最终也没有达成一致。那么关于这次事件的起因就没有一个定论了。

普遍认同的一个原因是"宫女受虐说":朱厚熜暴虐无度,引起宫女的不满,宫女们便实施了反抗的行为。

其次是"妃嫔内斗说"。朱厚熜极其宠爱曹端妃而忽视了其他嫔妃,不免引起其他嫔妃的嫉妒。据说宁嫔与曹端妃一向不睦,此次事件正是宁嫔为了报复曹端妃而策划的,以此来彻底扳倒曹端妃。此种说法当然缺少足够的证据,先说宁嫔是有多大的胆子,敢冒着灭九族的危险串通了那么多宫女来行此事。即使最后成功了,她又如何封住所有知情人的口呢?到底是不是宁嫔所为不得而知,但这件事倒是被皇后利用了,借由宁嫔和曹端妃不和的事实,一石二鸟,解决了两个眼中钉,最后的赢家是皇后。

还有一个原因就是"派系争端说"。我们都知道在紫禁城内,前朝与后宫一直有着千丝万缕的联系。后宫的嫔妃基本都是前朝官员的女儿或者妹妹。家人在前朝混得越好,后宫的嫔妃也就水涨船高地晋升得越快,反之亦然。后宫嫔妃们要时刻仰仗前朝的亲信,而前朝的亲信也时刻关注着后宫。

朱厚熜的帝位本来就不是正统,当了皇帝之后并没有满足,还要求追封自己的生父为先皇帝。这件事当时也是引起了轩然大波,让群臣越来越心寒。所以说后宫嫔妃受前朝指使要除掉皇帝的说法也是能够站得住脚的。

宫变发生之后,朱厚熜受到了巨大的惊吓。据记载,朱厚熜当时被宫女们害得半死不活的,一大群太医被招来却束手无策。大家面面相觑,不知如何是好。太医们深知,治得好皇帝当然是好,若治不好那就是要掉脑袋的。所以虽然皇帝命悬一线,太医们因为没有十足的把握谁也不敢出手。一位许绅大夫斗胆一试,用桃仁、红花、大黄等下血药治好了皇帝。虽然许绅受到了皇帝的嘉奖,却因为当时太过恐惧,没多久就去世了。再说朱厚熜本人,一向惜命的他,从鬼门关回来后,就更加重视自己的身体了。第二日,朱厚熜就搬进了永寿宫,从此再没有在乾清宫过过夜。更大的变化是皇帝从此不早朝了。朱厚熜认为自己之所以能死里逃生,是因为自己长期信奉道教的福报。从此,朱厚熜更加痴迷于道教,整天在永寿宫里修炼道法,研制仙丹。遇到重大的典礼和活动,朱厚熜就会找人代其完成。据记载,事件发生后的24年间,朱厚熜只上朝了3次。后来就出现了许嵩专权的局面,这为明朝的统治带来了沉重的打击。所以说从嘉靖帝开始,或者更确切地说,是从"壬寅宫变"开始,明朝开始了由盛转衰的局面。

梃击案

明朝建储一向是立嫡立长制度。万历帝朱翊钧的王皇后无所出,那么皇长子朱常洛就应该被立为太子。朱翊钧更喜爱郑贵妃而意欲立其子朱常洵为太子,即使群臣反对也不为所动。国本之争持续了多年,最后在群臣、太后和皇后等的巨大压力下,朱常洛直到20岁才被立为太子。

1615年,五月初四的黄昏,一个形似疯癫的人,名为张差,手持棍棒,闯进了太子居住的慈宁宫,见人就打。幸亏太子的贴身侍卫及时发现了危险,阻止了事态的发展。后经审问,张差是郑贵妃手下太监派来的。

事情真相大白,郑贵妃难逃其责,去向皇帝哭诉。皇帝懒理这事,就让郑贵妃去求太子,太子深知父皇的心意,就说此事全由张差一人承担便可。此事就这样不了了之了。

梃击案到底是不是郑贵妃策划的不得而知,也有人认为是太子自导自演的苦肉计,总之一切都未可知。不管怎样,此事大大削减了郑贵妃的势力,而太子的地位得到了稳固。

红丸案

1620年,光宗朱常洛病重,鸿胪寺丞李可灼进献红丸,自称仙丹。朱常洛服后死去。对于皇帝的死因,有人怀疑是郑贵妃唆使下毒,有人认为是皇帝服红丸致死,也有人认为是皇帝久病所致。此事终究无定论。这件因红丸引发的宫廷案件,史称"红丸案"。

移宫案

1620年,九月初一,明光宗朱常洛去世后,其宠妃李选侍(选侍是没有获得正式嫔妃名号的宫眷,地位高于宫女)理应搬离乾清宫。但是李选侍仰仗自己抚养皇子朱由校之名,与魏忠贤等人密谋,想挟持朱由校,操纵朝局。幸得朱由校的伴读太监通风报信,以杨涟为首的东林党人才得以将朱由校救出。九月初五,朱由校在群臣的支持下,命李选侍搬出乾清宫。李选侍不得不搬去仁寿宫居住,历时 5 天,涉及前朝和后宫的"移宫案"告一段落。

楗击案、红丸案和移宫案,虽然是发生在后宫之中,但是也反映了明末党争的激烈程度。明末党争对明朝的统治起到了削弱的作用。

顺治出家之谜

古往今来,爱江山更爱美人的君王真的不少。项羽、刘秀、朱佑樘、顺治等,都是这样的人物。

Mystery of Emperor Shunzhi's Monk Status

Through the ages, there are many monarchs or emperors who love beauty more than power. Xiang Yu, Liu Xiu, Zhu Youcheng and the Emperor Shunzhi are all such characters.

顺治帝(1638—1661)是清朝第三位君王,也是入主中原的第一位皇帝。顺治帝是努尔哈赤的皇孙,皇太极的第九子,母亲为孝庄皇太后。顺治帝 6 岁登基,14 岁亲政,在位 18 年间励精图治,是在文化、经济等方面都非常有建树的一位皇帝。

1644 年,福临登基,多尔衮为摄政王,当时福临与母亲孝庄的日子并不好过。弱小无助的母子一直生活在叔父多尔衮的权威之下,这无疑在福临幼小的心灵中留下了阴影。福临亲政后,在多尔衮的安排下迎娶了孝庄的侄女博尔济吉特氏,并封为皇后。作为亲王的女儿,博尔济吉特氏虽生得美丽,却喜奢华,这与顺治帝一向提倡节俭的作风格格不入。博尔济吉特氏还有一个让顺治帝厌烦的特点就是她很爱吃醋,经常会因为嫉妒挑起事端。顺治帝对皇后终于忍无可忍,下定决心要废后。虽遭孝庄和群臣反对,顺治废后的决心不可逆转,终在结婚 2 年后将博尔济吉特氏降为静妃。有些学者认为顺治此次废后与多尔衮有关。博尔济吉特氏是多尔衮给顺治选的,本来就对多尔衮心生怨恨的顺治当然是不乐意的,但是碍于叔父的权力,自己只能接受。所以在多尔衮逝世之后,顺治帝废后实属情理之中的事。

顺治的第二位皇后是孝惠章皇后。这位皇后是一位安静的女子,但是终没有让顺治为之动心。直至董鄂妃出现,这位皇后也没有因为顺治对董鄂妃的专宠而动怒过,而是一个人安安静静地在后宫中度过了大好青春年华。

关于董鄂妃的身世,坊间有好几个版本。第一个版本是董鄂妃即秦淮八艳之一的董小宛。董小宛,历史上确有其人,其丈夫是冒襄,所以这个传言不攻自破。董小宛与董鄂妃同姓,所以许多文人将董鄂妃的身世写成了董小宛。另一个版本认为董鄂妃原是襄亲王的福晋,也就是顺治十一弟的福晋。传说顺治第二次与皇后大婚时,各位亲王都带着福晋进宫侍宴。就是这一次,顺治与董鄂妃一见钟情。传说顺治与董鄂妃之间的亲密关系被襄亲王知晓后,襄亲王很是不满,结果还遭到了顺治的掌掴。襄亲王因为此事心中结郁,终致大病不治身亡,顺治便娶了董鄂妃。关于这个传说,至今未在官修史书中找到过蛛丝马迹,所以其真实性无从证明。还有一个版本则真实性比较高,据《清史稿》后妃传记载,董鄂妃是内大臣鄂硕的女儿。

不论董鄂妃的身世如何,她终究是一位集美貌与才华于一身的女子。据说董鄂妃非常善解圣意,是顺治的知己。但是非常可惜的是,董鄂妃没有留下任何画像,后人无从知晓这位奇女子的容貌。顺治帝本身就是一位擅长丹青的皇帝,尤其擅长人物画,但是董鄂妃却没有一张画像留在世上,这很让人费解。

顺治帝后宫佳丽三千,却独宠董鄂妃。董鄂妃从进宫到被加封为皇贵妃只用了半年的时间,这在历史上是绝无仅有的。因为废后过一次,群臣反对顺治再次废后,所以董鄂妃才没有被立为皇后。董鄂妃生下的皇子不久便夭折了,这对董鄂妃的打击非常大,她不久便也撒手人寰。顺治与董鄂妃的恩爱故事只持续了 4 年的时间。

董鄂妃去世后,顺治便陷入了极度的痛苦之中。他想尽一切办法来追封自己的爱妃,却终不能解心中的思念,不久顺治帝便萌发了剃度出家的念头。关于顺治是否真正出家,后人也是众说纷纭。

1660 年 10 月,茆溪森和尚在西苑(中南海)万善殿为顺治举行了皈依佛门的剃度仪式,但是在茆溪森的师父玉林琇的规劝和要烧死茆溪森的威胁下,顺治最终还俗。这段历史虽不见于官修史书,但是却多见于僧侣的著作中,并且这些著书的僧侣都是当年与顺治非常熟识的著名人士,所以可信度非常高。

顺治帝虽为满族,却非常希望学习汉文化。在学习汉文化的过程中,顺治接触到了佛教思想,并对其产生了浓厚的兴趣。顺治广泛研读佛经,参悟禅机,并与高僧来往甚密。在董鄂妃突然去世之时,顺治动了皈依佛门的念头也是非常合理的。佛教是顺治出家念头的思想基础,董鄂妃之死是他出家念头的导火索。但是毕竟是一国之君,纵使有万般无奈,也不可能弃祖宗的江山而不顾。作为受过严格封建正统教育和皇家教育的君王来说,出家之事只能是一时之念,不可能真的发生。关于顺治的归宿,清代官方的史书中记录得非常详细。从顺治染天花到去世的几天中发生的事情和经过,《清世祖实录》和《玉牒》的记载不谋而合。其中记载了顺治如何上朝,如何发现身体不适,如何撰拟立国本密诏,如何火化,如何安放宝宫(骨灰罐)等事宜。同时许多僧侣的著作也印证了这一系列的事情。所以,顺治出家是想法,也有所行动,但终究没有成功。1661 年,顺治病逝于养心殿,年仅 24 岁。

雍正继位之谜

雍正帝经常被塑造成一位暴虐而又多疑的皇帝。他的残暴和多疑也经常被归因于他是一位"篡位"的皇帝。雍正继位是否名正言顺,已然不再重要了。那段令人唏嘘的历史和衍生出来的精彩故事,至今都令人回味。

Mystery of Emperor Yongzheng's Succession to Throne

Emperor Yongzheng is often portrayed as a tyrannical and suspicious emperor. His brutality and paranoia are also often attributed to his status as a "usurper" emperor. It no longer matters whether Yongzheng succeeded the throne properly or not. That lamentable sad history and the wonderful stories derived from that history are still memorable and thought-provoking to this day.

清朝的皇子都拥有得天独厚的优势,不少都是出类拔萃的。首先,皇子的母亲都是出自名门的女子,又通过层层选拔,最后得以入宫。选秀胜出的女子能在残酷的宫斗中克服重重困难诞下皇子,想必这样的女子无论是情商还是智商都是非常优秀的。皇子自小就接受了非常正规、严格、优秀的教育,不少都是文武双全、与众不同。

康熙帝共有儿子 35 人,其中成年的有 20 人,其余早殇。康熙帝最初立孝诚仁皇后赫舍里氏所生的皇二子胤礽为太子,但是胤礽结党营私,犯了皇子最不该犯的错误,被康熙两立两废,最后失去了太子的位置。

康熙帝在废黜了胤礽的太子之位后,不是没有动国本之念,只是在众多皇子当中选出一个最为优秀的、最为稳妥的真的绝非易事。康熙帝一直比较钟情于自己的四子胤禛、八子胤禩和十四子胤祯(后改为胤禵)。在众多关于这段历史的影视剧或者书籍当中,我们都能了解到康熙帝众多皇子对皇位的虎视眈眈和你争我夺。尤其令人唏嘘的是四子和十四子之间残忍的夺位故事。四子和十四子是德妃所生,两人是同父同母的亲兄弟。然而这对亲兄弟却因为皇位之争,最后落得不共戴天的地步。

在众多皇子中胜出的四子胤禛,一直背负着谋权篡位的不光彩的名声。关于雍正篡位的传说一直都没有停歇,版本也是五花八门,但是至今也没有在学术界达成一致的意见。但是关于民间盛传的几种说法,却可以用史实加以否定。

一、密改遗诏说

关于雍正帝篡位的传说中,最普遍的说法是雍正帝篡改了密诏。康熙帝本来在密诏中写的是"传皇位十四子",结果被四子胤禛的拥护者在"十"字上加了两笔,秘密改成了"传皇位于四子"。这个传说的编者一看就是现代人,因为清代的"于"字应写为"於"字。再有就是清代书写皇子时,都是称为"皇某子"。在上万册的清代文献中,称呼皇子时只用"皇某子",而不是单写成"某子",无一例外,所以"传位十四子"这样的表达根本不会在密诏中出现。最后,清代时的主要语言是满语,密诏通常是使用满汉两种语言来书写的。那么即使是汉语的"十"字可以改成"于"字,满语的"十"字却是万万不可能修改的。综上所述,密诏修改说是绝对站不住脚的。

二、杀伐亲信说

胤禛继位后,对自己的兄弟们采取了非常严苛的打击制度,多数兄弟被圈禁,其中包括自己同父同母的兄弟。如果自己的继位名正言顺,那么胤禛又何必要圈禁打压自己的兄弟来堵住悠悠之口呢?众所周知,雍正帝的疑心非常重,对身边所有人都保持了非常高的警惕性,无论是嫔妃、兄弟、皇子,还是近臣。在众多的兄弟中,胤禛只对胤祥和胤礼比较亲近。康熙去世时,允礼只有25岁,并没有经历过大事件的历练,必定不会是太子的人选。这样一位"人畜无害"的兄弟,胤禛没有原因树其为敌人。允礼在雍正去世后才离世,安安稳稳地度过了自己闲逸的一生。雍正帝对付完了兄弟，又将隆科多和年羹尧两位自己的肱股之臣一一处死，即使这两位都在自己继位的过程中发挥了非常重要的作用。后人就评说雍正是将一切知晓自己继位秘密的人尽数除掉，以免后患。所以，雍正帝杀伐亲信被不断地放大和修改，被认为是雍正篡位的有力证据。

隆科多和年羹尧虽然功劳很大，但是两位后来都发展到了功高震主的地步，并且结党营私，收受贿赂，犯下了不可饶恕的错误。雍正后来处理了这两位大臣其实不足为奇，在其他的朝代都发生过类似的事情。而"九子夺嫡"之后的兄弟之间，再期望"兄友弟恭"已绝非可能了。再加上各位亲王结党的结党，营私的营私，雍正帝不能容忍也是情理之中的事情。

雍正帝多疑心，这一方面是一个人的性格使然，一方面是家庭和社会所造成的。生在帝王家，并且兄弟众多，只能处处用心经营、万千小心，才能在激烈的斗争中存活下来。若想成为一国之君，那更是需要超群的能力和非凡的心机。说是疑心也好，叫作心机也罢，抑或是称为智慧也行，总之，只有这样多疑的人才能在当时激烈的竞争中胜出吧。

三、修改史实说

胤禛继位后，对当时的史书进行了大力修改，同时自己又编纂了《大义觉迷录》一书。在《大义觉迷录》一书中，雍正对一些事情的叙述疑点颇多，矛盾重重。比如他对自己继位这件事的叙述，就让人不免心生疑惑。雍正写道，康熙帝已经立了国本，但是自己却晚于其他皇子知道这件事，而且自己还见过康熙帝三次。康熙帝在见了胤禛三次的情况下，都不曾将立国本之事告诉当事人，这于情于理都说不通。雍正为什么要着力删改清史中不利于自己的记录呢？这也让人感觉是他内心有鬼使然。其实历代王朝中，为自己正名立说之事并不少见，雍正之为并不为奇。

历史上每位君王的成长史都是众人着力研究和审视的重点，每位研究者和审视者都有自己的立场和理解，所以对帝王的评说不可尽信。不管雍正的皇位是怎样得来的，都不可否认他是一位勤政的皇帝，是开创了清朝"康雍乾"之盛世的皇帝。

乾隆血统之谜

说到乾隆帝,人们会想到他儒雅风流文才武略,会想到他下江南的美好佳话,会想到他福泽深厚健康长寿,但是怎么也想不到他是一位被怀疑过血统的皇帝。

Mystery of Emperor Qianlong's Lineage

Speaking of Emperor Qianlong, we will think of his elegance, romance, literary talent and military strategy; we will think of his beautiful stories in the south of the Yangtze River; we will think of his good fortune, good health and longevity, but no one will think of he is an emperor whose lineage was once suspected before.

关于乾隆的身世之谜,民间有两个版本。第一个版本不但否认了乾隆帝的皇家血脉,更是否定了乾隆帝满族的血统。传浙江海宁一户陈家,官至朝廷。陈家与当时的雍亲王家关系很好。陈家夫人与雍亲王福晋在同年同月同日生了孩子,陈家生的是男孩,雍亲王福晋生的是女孩。雍亲王便以福晋要看孩子为由,将陈家男孩骗来并进行了调换。陈家明知被骗但也不敢声张,只能委曲求全。这个男孩就是后来的乾隆帝。后来因为乳母的不小心,说漏了嘴,乾隆帝终于知道了自己的身世。据说乾隆六下江南就是为了探望自己的亲生父母。

这个传说并无任何史书证明,只是一个民间的传说。其实推敲一下,就可以发现其中的漏洞。雍亲王当时并无子嗣之忧。在乾隆之前,雍亲王已经有了儿子弘时,而且雍亲王只有 33 岁,正值盛年,不可能担忧再无儿子出生。

第二个版本没有第一版本离奇,但也存在不合理之处。在 1944 年 5 月出版的《古今文史》中,有一篇记述了一个关于乾隆身世的故事。皇四子胤禛随康熙到热河行宫狩猎时,因为追赶一只被射中的梅花鹿而又累又渴,便喝了梅花鹿的血。梅花鹿的血有很强的壮阳作用。胤禛喝完血后深感不适,便临幸了一位宫女。当时正值冬季,第二年的秋天,这名宫女便生下了一名男孩,就是乾隆。据《清圣祖实录》记载,胤禛这次狩猎返京时间是九月初三,那么孩子出生的时间应该是第二年的六七月或者之前。而乾隆生于八月,与这个传说在时间上不符。按照清朝的法规,皇子勾搭宫女会按秽乱宫廷之罪论处。如果真有其事,胤禛怎么会参加"九子夺嫡"之争呢?恐怕他连参加竞争的资格都没有。

那么历史上怎么会对乾隆的身世产生怀疑呢?一个主要的原因是大家对乾隆的出生地说法不一。一传乾隆出生于雍王府,乾隆本人也多次称自己出生于雍王府。二传乾隆出生于承德避暑山庄,这个说法得到了乾隆儿子嘉庆帝的赞同。1807 年,嘉庆在为乾隆编写的《实录》和《圣训》中发现,编修官们将乾隆的出生地写为雍和宫。嘉庆开始意识到事情的严重性,在阅读了大量乾隆生前写的诗作后,命人在最具权威的官方典籍《实录》和《圣训》中,将乾隆的出生地修正为雍和宫。正是因为乾隆出生地发生错误这一小插曲,才引得世人对其生母产生了怀疑,继而生出些讹传。

乾隆的"私生子"

福康安作为乾隆时期一位重要的臣子,受到的嘉奖和恩宠空前绝后。因为这一点,后世对乾隆和福康安的关系猜疑颇多,认为福康安是乾隆的"私生子"。关于这个说法没有任何官方史料的支持,只是人们"八卦"之心使然。

Emperor Qianlong's "Illegitimate Son"

As an important courtier in Qianlong period, Fu Kang'an received unprecedented awards and favors. Because of this, the relationship between Emperor Qianlong and Fu Kang'an aroused many people's suspicion, and some people believed that Fu Kang'an is Qianlong's "illegitimate son". There is no official history to back this up, just people's desire to gossip makes it.

福康安是乾隆皇后富察氏的亲弟弟傅恒的儿子,一直被很多传说和野史塑造成了乾隆帝的"私生子"。傅恒共有 4 个儿子,福康安是其中老三,生于 1753 年。8 岁时,福康安就被乾隆招进皇宫,与皇子一起在上书房读书,并得到了乾隆的亲自教授。12 岁时福康安被封为贝子。福康安的一生受过 13 次嘉奖,先后担任过户部尚书、军机大臣、武英殿大学士等重要职位,是乾隆皇帝非常器重的大臣。民间传说和野史将傅恒的夫人,即福康安的母亲塑造成了一代绝世美女。相传傅夫人在陪伴太后时与乾隆皇帝相见,两人一见钟情,接着就是暗中来往了。乾隆以各种名目招傅夫人进宫与自己相见,后来就有了福康安。还相传皇后富察氏因为知晓了这件事忧愤而死。

据史料记载,富察氏是一位非常贤淑的皇后。她节俭、识大体、孝敬太后、体贴皇帝,跟乾隆的感情非常深厚。1748 年,皇后富察氏随驾东征,回京的途中病逝,终年 37 岁。乾隆因为皇后的离世悲痛欲绝,曾写诗悼念。富察氏去世后,乾隆对其娘家更是百般照顾,授予了百般荣耀,以解自己的相思之苦,这让"私生子"的传说和野史不攻自破。之所以有这样的传说和野史,主要有以下几个原因。首先福康安所受到的 13 次嘉奖,个个都是超出其功绩的奖励,荣耀程度几乎空前绝后。其次,傅恒的长子和次子一个娶了乾隆的侄女,一个娶了乾隆的女儿,但是最受乾隆宠爱的福康安却没有娶公主,所以人们就猜测这是因为乾隆心里清楚福康安的身世,不可能让自己的儿子和自己的女儿成婚。关于以上的猜疑,也有驳斥的理由。首先福康安是个非常有才能的人。他 19 岁就开始为朝廷征战,平定金叛乱、平定甘肃起义、平定台湾起义等,可谓是所向披靡、战功赫赫。1795 年,福康安因为战事太过劳累,病倒了,但是他仍然带病督战,直到逝世。对于这样一位臣子,乾隆怎能不喜爱。另外,有传福康安的长相酷似乾隆和富察氏的大儿子永琏,这也是乾隆喜爱福康安的一个原因。传说也好,野史也罢,历史毕竟随风而去,留下的任何故事都是值得我们学习和借鉴的。

慈禧的出身

慈禧是清史研究者无法回避的人物。关于慈禧的出身也有不同的声音,有人认为慈禧本是汉人,出身于贫苦家庭。有人认为慈禧为官宦家的女子。第二种说法得到了史学家和慈禧后人的认证。

Birth Origin of Cixi

Cixi is an unavoidable figure in the study of Qing history. There are also different opinions about Cixi's birth origin. Some people believe that Cixi was Han nationality and was born in a poor family. Others hold that Cixi was the daughter of an official. The second account is corroborated by historians and descendants of

Cixi.

关于慈禧的出身众说纷纭。山西一位名叫刘奇的学者，提出了慈禧身世的一个说法。慈禧姓王，生于山西的一个贫苦农民家庭。慈禧很小时便被卖给了知府惠征家为奴婢。有一次慈禧在服侍惠征夫人洗脚时，看到惠征夫人的一只脚底有颗痣，便说自己的两只脚底都有痣。惠征夫人一听大惊，因为她认为两只脚下都有痣的人不是凡人，是当皇后的命，遂不敢再让慈禧侍奉自己，并将她收为干女儿加以疼惜。1853 年，宫中大选，慈禧便以惠征之女叶赫那拉氏的身份被选入了宫中。刘奇撰写了《慈禧童年》一书，在书中对上述说法给出了佐证。如慈禧出生的村子里有慈禧母亲的坟，慈禧寄给堂兄的信件，慈禧本人的照片，慈禧幼年住过的房子，等等。他还列举了慈禧与山西长治当地民风有关的一些习惯，如慈禧喜欢吃长治人常吃的萝卜团子、壶关醋、玉米糁粥、沁州黄小米等。

这一说法缺乏有力的证据，仅凭慈禧的一些生活习惯就主观臆断是不可信的。就连那些信件等，也因证据不足而不能说明问题。

根据《清史稿·后妃传》的记载，叶赫那拉氏为安徽徽宁池广太道惠征之女。1831 年，惠征任吏部笔帖式，1834 年升为二等笔帖式，1839 年升为八品笔帖式，1843 年升为一等笔帖式，1846 年调任吏部文选司主事，1848 年任山西归绥道道员，1852 年调任安徽宁池太广道任道员。慈禧出生于 1835 年，从她父亲的履历表中可以看出慈禧应该是生于北京。同时，学者们也澄清了一个错误，就是慈禧的乳名并不是兰儿，而是杏儿，慈禧的全名是叶赫那拉·杏贞。关于慈禧的出身，这个是比较权威的说法，而且也经过了慈禧后人的查验，认为是准确无误的。

慈禧太后与京剧

中国的传统戏曲京剧形成于道光年间，直到光绪年间得以大火，这与慈禧太后有着密不可分的关系。

Empress Dowager Cixi and Beijing Opera

Beijing opera, the traditional Chinese opera, was formed in the years of

Daoguang reign, and it was not until Guangxu years that it became popular, which was closely related to Empress Dowager Cixi.

京剧从乾隆年间的徽班进京到汉调的融入，再到道光时期的正式形成，孕育了长达半个世纪。同治、光绪年间京剧的发展达到鼎盛，剧目繁多，名家辈出，著名的"同光十三绝"等杰出艺人就活跃于这一时期。

京剧能在同治、光绪时由成熟达到鼎盛，离不开国家的真正掌权者慈禧太后，她堪称清朝的"骨灰级"戏迷，更是京剧迅猛发展的"至尊推手"。正是由于她的过度痴迷与大力支持，才使京剧占领了从宫廷到地方的大小舞台，并逐渐风行于京都大邑。慈禧看戏，不是单纯娱乐自己，而是带着挑剔的眼光去看戏。长期看戏的经验加上发自肺腑的热爱使慈禧成了一位名副其实的京剧行家。慈禧对京剧表演的挑剔绝不是鸡蛋里挑骨头，她能从动作的精准度到服化道都说出个二五六来，挑戏都挑得很服人。

慈禧对京剧表演的严苛要求使得京剧表演者不得不沉下心来潜心研究，同时也激起了京剧表演者之间的竞争，这对提高京剧表演艺术水平是非常有利的。

今天的"追星族"一定能在慈禧的身上看到自己的影子。因为财大气粗，慈禧每次给喜欢的京剧名伶打赏的钱都很多，是嘉庆道光时期的十几倍甚至二三十倍。

一向喜奢华，或者说一向喜败家的慈禧，对京剧表演中朴素无华的戏服实在忍不了，就不惜重金为自己喜欢的剧目购置全部高档行头，这一行为也带动了京城对京剧戏服的改良运动。除此之外，慈禧还对他们各种恩赐体恤，赐名字，赏御膳，赏游园，病了赏药，嫁女赏嫁妆。

凡是为慈禧老佛爷唱过戏的伶人都因此身价倍增，在内廷演戏对伶人从艺经历也是一种镀金，伶人常常名利双收。1893年，46岁的谭鑫培已经名噪京城。其时他在戏院的演出费每日不过20至40吊，堂会收入不过10两。至宣统初年，谭鑫培的身价已升至150吊至200吊，堂会则是二三百两之多。十几年间身价翻了几倍，谭鑫培靠的就是"内廷供奉"的履历。

大量的银子花下去了，京剧艺术无论是表演技巧还是服装设备都得到了改进和创新。因为慈禧一个人的喜爱和追捧，京剧得到了发展和创新，这也算慈禧为我们国粹做过的贡献吧。

溥仪生母之死

虽然生在帝王之家,溥仪的一生却是可悲的。3 岁时溥仪离开父母,当上了皇帝,同时也失去了自由。溥仪的身边有几位对他影响深远的女人,比如光绪帝的妻妾,比如他自己的妻妾。但是溥仪的生母也和他一样,虽出身名门,却生不逢时,更不能准确判断时世,终落得自杀的下场。

Death of Puyi's Natural Mother

Although born into an imperial family, Puyi has a really tragic life. At the age of three, Puyi left his parents and became the emperor and lost his freedom. There were several women who gave deep influence on Puyi's life, such as Emperor Guangxu's concubines and his own concubines. But Puyi's mother was also like Puyi himself, although born in a famous family at the wrong time. She could not accurately judge the situation at that time and eventually ended up committing suicide.

清朝的末代皇帝溥仪生于 1906 年,他是醇亲王载沣的儿子。1908 年,光绪帝逝世,3 岁的溥仪就被慈禧选为新的皇帝进到皇宫。慈禧去世后,溥仪的身边有光绪的皇后(隆裕皇太后)和瑾妃(端康皇贵妃),这两个女人都非常强势,都希望将溥仪控制在股掌之中,尤其是端康皇贵妃。光绪年间,端康皇贵妃一直生活在隆裕皇太后的压制之下。直到隆裕皇太后去世,端康皇贵妃感觉自己的时代来临了,便试图做整个皇宫的主人。端康皇贵妃还有一个凤愿,那就是复辟清朝,自己成为下一个慈禧。但是端康皇贵妃并没有慈禧的权势和能力,所以根本得不到周围人的支持。

溥仪的生母瓜尔佳·幼兰,是慈禧手下重臣荣禄的女儿。幼兰从小锦衣玉食,性子非常刚烈。慈禧为了感谢荣禄对自己的支持和帮助,亲自将幼兰赐婚给了醇亲王载沣。在醇王府,当家的不是载沣,而是福晋幼兰。载沣的年收入很高,但是还是不够幼兰的花销。幼兰除了自己吃喝玩乐,大部分的钱都花在了政治上。幼兰一直为清朝的复辟奔波,将大量的钱财用来贿赂荣禄身边的人,其中包括袁世凯。但是这些钱终究是都打了水漂。

端康皇贵妃与幼兰的矛盾爆发也是由溥仪引起的。溥仪的近身太监买来了一件洋军服送给了溥仪,溥仪非常高兴就穿了起来。这事惹怒了端康皇贵妃,她责罚了太监,训斥了溥仪。还有一次,端康皇贵妃要辞退一名太医,溥仪却认为辞退太医是皇帝的职责。溥仪和端康皇贵妃就争执了起来,端康皇贵妃觉得自己失了面子,便找来了溥仪的父母,要求其父母管教溥仪。端康皇贵妃在批评溥仪的同时,也言辞激烈地训斥并罚跪溥仪的生母幼兰,认为她以复辟的名义,将钱财都用来中饱私囊了。性情孤傲的幼兰,哪里受过这样的委屈,回到家中就吞了鸦片,还就了白酒。服了鸦片加白酒的人是无法被救活的。幼兰之死,溥仪在《我的前半生》中也有讲述。

据说幼兰临死时,给儿子溥杰留下一封信,大意是告诉儿子自己是因为复辟事业而死的,让溥杰帮助自己的哥哥溥仪,复辟清朝。幼兰死后,载沣命醇王府上下三缄其口,不可以提自杀之事,以至于很长时间,无人知晓幼兰的死因。

建福宫大火

1742 年,乾隆修建建福宫。乾隆将自己珍藏的所有奇珍异宝都收藏在了建福宫。建福宫是紫禁城里的宝库。1923 年,建福宫的德日新斋发生大火。因为救火不得力,建福宫被全部烧毁,同时殃及了其他宫殿。建福宫大火损失非常惨重。溥仪认为是太监恐自己的偷盗行为暴露,故意放火销毁证据。

Big Fire in Jianfu Palace

In 1742,Emperor Qianlong built the Jianfu Palace. Emperor Qianlong kept all his treasures in Jianfu Palace. Jianfu Palace is a treasure house in the Forbidden City. In 1923,a big fire broke out in the Derixin House of Jianfu Palace. As the fire was not properly put out,the Jianfu Palace was completely destroyed,along with other palaces. The fire in Jianfu Palace was very costly. Puyi believed that the eunuchs feared their own theft exposure,deliberately set fire to destroy evidence.

1923 年 6 月 26 日晚上 9 点多钟,紫禁城北侧靠近神武门的建福宫突发大火。大火发生时竟无人发现,也无人救火。据说是紫禁城外六国饭店楼顶上休憩的外国人最先发现了大火,报告给了意大利救火队。救火队迅速来到神武门,打算进去救火。守门的人以无皇帝圣旨为由,不给开门,救火人员不得不在宫外等待皇帝的圣旨。这时内务府总管绍英急忙命人去寻找皇帝溥仪,1 个小时20 分钟后,溥仪才被找到。溥仪又以祖宗规制,不许给外人开门为由,继续大门紧闭。在众大臣的苦苦相劝下,最终溥仪打开了大门。但是由于错过了救火的最佳时机,建福宫已经一片火海。再加上紫禁城里面没有自来水,水井也早已干枯,救火简直比登天还难。经过一夜的奋斗,大火终于被熄灭了,但是大火造成的损失却是无法估量的。

关于建福宫大火造成的损失,据内务府事后呈报说,大火共烧毁房间 120间,金佛 2665 尊,字画 1157 件,古玩 435 件,古书数万册。其实关于大火造成的损失,至今也无从知晓。建福宫原是乾隆帝于 1742 年修建的。乾隆帝非常喜欢收藏古董珍宝,他把自己所有珍爱的物件都收藏在了建福宫的各个库房里。溥仪后来回忆说,他有一次走进一间库房,看见库房里全是大大小小的箱子。箱子摞箱子,都摞到了天花板。他打开每个箱子,发现里面都是价值连城的珍宝。

火灾发生后,宫里对起火原因进行了调查,但是因为种种原因,起火的真正原因至今说法不一。紫禁城内务府给出的结论是建福宫放电影,电线漏电,导致起火。当时的妃嫔为了打发时光,的确经常会在后宫放电影。对于这个结论,溥仪是不能接受的。他认为放电影的行为不是一次两次了,根本没有安全隐患。

清朝后期,紫禁城里看似井然有序,其实里面已经千疮百孔。尤其是到了清末期,各处遍布毒瘤,贪赃枉法之事时有发生。一直都毕恭毕敬的太监变得大胆起来,偷盗事件屡禁不止。溥仪大婚当日,皇后头上戴的凤冠上的珠宝竟然一会儿的工夫就变成了赝品。紫禁城外,到处可见太监或者王公大臣们开的古玩店,其中的货多是由宫中偷运出来的。太监偷盗,大臣贪赃,紫禁城到了不整治不行的地步了。溥仪在身边大臣们的建议下,决定清点库房。在清点工作刚刚开始的时候,建福宫就发生了火灾,所以溥仪怀疑此次大火是太监为了销毁证据,人为点火。

从此以后,太监就在溥仪的心里扎了根刺,不裁撤太监难以平溥仪之痛。溥仪下旨,只在皇帝、皇后、淑妃等主要的宫殿各留下 20 名太监,其余全部赶出了宫。

妃子革命

　　溥仪的妃子文绣没有如其他嫔妃一样，一辈子过着锦衣玉食的生活。她受到了新时代新思想的感召，毅然挑战皇权，是个为争取自由而勇敢斗争的女子。

Concubine's Revolution

Puyi's concubine Wenxiu did not live a luxurious life like other concubines in the Qing dynasty. She was inspired by the new ideas of the new era, and resolutely made a challenge to the imperial power. Wenxiu was a brave woman who struggled to fight for freedom.

　　额尔德特·文绣（1909—1953），字蕙心，自号爱莲，学名傅玉芳，出生于北平方家胡同锡珍府邸。文绣的祖父官至礼部尚书，但是其父亲却一直郁郁不得志，终致家中败落，靠文绣的母亲蒋氏做针线活勉强度日。但是蒋氏极其重视教育，文绣7岁时，蒋氏就将她送到北京私立敦本小学读书。文绣是个聪慧的孩子，各门功课都很优秀，深得老师的喜爱。

　　1921年，溥仪选后。文绣家虽然贫苦，但是也是蒙古贵族出身，是有参选资格的。文绣的五叔便和母亲蒋氏商量后决定送文绣参选，期望重振额尔德特家族的辉煌。一切顺利，文绣成了溥仪的淑妃。进宫的前两年，文绣和溥仪的关系还很融洽，但是后来因为种种原因，两人的关系逐渐恶化。皇后婉容更容不下文绣，处处和她作对。最后文绣常常一个人在长春宫中读书，熬过漫长的日月。1924年11月5日，冯玉祥发动"逼宫事件"，将溥仪赶出了皇宫，文绣也跟随溥仪住在了宫外的醇王府。但是这时的溥仪，一心想要借助外力复辟清朝。他四处求人，最后竟将希望寄托在了日本人的身上。

　　在溥仪身边的文绣，比溥仪更具有政治的眼光和智慧，她一直给溥仪献计献策，并苦心相劝溥仪，不要依靠日本人的力量来达成自己的目的。文绣对周围的政治风云更有参透性，她深谙日本人的残暴和贪婪。1925年2月24日，溥仪在日本便衣的护送下，化装成商人，秘密乘火车潜入天津。文绣和婉容也随同溥仪一起来到了天津。溥仪对文绣的劝解一个字也听不进，反而开始厌恶起了文绣。再加上婉容的欺压,文绣深感度日如年。文绣患上了严重的神经衰弱症,几次自杀未遂。这时,一个很重要的人出现了,那就是文绣的妹妹文珊。

文珊告诉姐姐文绣,中华民国时代,一切都可以按照法律行事。溥仪是被赶出皇宫的废帝,不再享有任何的特权,他和其他人一样只是个普通人。文珊还告诉姐姐,新的法律规定男女平等,夫妻任何一方都可以提出离婚。文绣在妹妹的影响下,终于看到了生活的希望。她要聘请律师,向溥仪提出离婚,还要让溥仪付抚养费。文绣开始和妹妹密谋出逃计划。1931年8月25日,文绣在家中借故大闹,并以死相逼,溥仪见实在无法相劝就求助于文珊。文珊趁机提出带姐姐出去散心,便带姐姐文绣逃出了家门,来到天津国民饭店37号房间。任凭跟随太监苦苦相求,姐妹俩打定了主意,再也不会回到溥仪的身边了。第二天,文绣要离婚的消息就不胫而走,传遍了大街小巷。溥仪和其老臣深感丢了面子,一代皇帝竟然被妃子给"休"了。文绣找好了律师,离婚的决心不可改变。溥仪派人来劝和,但是终没有挽回文绣的心。文绣离婚的事不断发酵,全国各大媒体争相报道,好不热闹。有呼唤人权的,有维护皇权的,就连一向与文绣势不两立的婉容也站到了文绣的一面支持她。经过几次谈判和交锋,最后溥仪付给了文绣5.5万元的抚养费,两人从此再无瓜葛。文绣虽然拿到了抚养费,打点完一切之后所剩无几。1932年夏秋之交,文绣获得了新生,开始了新生活。她在北平的府右街私立四存小学做起了教师,成为历史上第一位做过皇妃的教师。

文绣后来认识了国民党军官刘振东,两人于1947年结婚。1953年文绣因病去世,终年44岁。

清朝皇子早夭

清朝从入主中原的顺治帝算起,总共有10位皇帝。这10位皇帝中除了同治、光绪和宣统3位皇帝无子嗣,其他7位皇帝共生育了子女146人。但是这146个子女中有74个都没有活过15岁。清朝皇帝的子女为什么都早夭呢?

Early Death of Emperors' Children in the Qing Dynasty

There were ten emperors since the Emperor Shunzhi entered the Central Plains in Qing dynasty. Except for Emperor Tongzhi, Emperor Guangxu and Emperor Xuantong, the other seven emperors had 146 children. But 74 of them had died before they got 15 years old. Why did the children of Qing emperors die young?

电视剧中,凡是后宫嫔妃有喜,其他嫔妃就会明里暗里勾结身边的人,以各种方式将这个喜事变成悲剧。那么真的如电视剧中上演的那样,皇室的子女都是在嫔妃的宫斗中牺牲的吗?其实真实的原因很多,即使有嫔妃的加害,也不是主因。

首先,清朝在入住中原之前,一直生活在东北那个地广人稀的土地上。当他们来到北京,与密集的人口接触之后,就会出现抵抗力低下、容易染病的现象。所以刚刚来到北京那些年,紫禁城里各种瘟疫不断,尤其是天花,困扰了他们很长时间。大人尚且能熬过这些疾病,孩子却很难。玄烨当年能够登基的主要原因之一就是他抗过了天花,具有了抵抗力,比其他的皇子更有长久统治朝廷的可能性。

清朝规定的结婚年龄是男子 16 岁,女子 14 岁。作为天子的皇帝,当然是不必遵循这个规定的,他们通常比这个年龄更早就成婚了。顺治 15 岁生子,康熙生子的年龄是 14 岁,雍正虽然晚些,17 岁生子,但是孩子的生母却只有 14 岁。这些年龄都是虚岁,实际年龄要再减去一岁。他们尚且是个孩童,身体各个部分发育还不够成熟,这样的身体根本不适合生育,所生育的孩子身体状况也非常容易出现问题。这就解释了为什么皇帝早期生育的孩子更容易夭折。顺治帝的长子和长女,康熙帝的前 6 个孩子,雍正帝的大女儿和前 3 个儿子,乾隆帝的长子、次女和次子,嘉庆帝的长子、长女和次女,道光帝的前 6 个孩子,咸丰帝的长子等 25 个孩子都是早夭。在清朝,早婚早育是导致皇子早夭的主要原因。

清朝有一种怪现象就是皇宫里的孩子难将养,倒是宫外王府家的孩子个个活蹦乱跳的。建筑学上认为,紫禁城在建造时考虑到木质结构的建筑容易产生虫蛀的现象,所以在建造宫殿的时候就加了大量铅汞等物质来防虫害。这些铅汞等化学物质对人体特别有害,尤其是对胎儿。

皇宫里皇子的生活条件自然是最好的,无论是吃食上还是保健上,那么为什么不少皇子的身体都不是很好呢?清朝有一个祖制,那就是皇子出生后不能与自己的亲生母亲生活在一起,以防母子关系过度亲密,会产生母亲干涉朝政的情况。妃嫔的孩子刚生下来就被抱到了阿哥所,由乳母嬷嬷们代为抚养和照料。没有亲生母亲的照拂,孩子的成长必定会出现亏欠。乳母嬷嬷的照顾,只是在完成任务。没有亲情的成长环境,必定会对皇子的身心造成伤害,皇子的身体出现问题就是必然了。

虽然皇宫里面有全国医术顶级的太医,但是伴君如伴虎,太医们都遵循一个原则,那就是不求有功但求无过。皇子生病,太医们经常会因为各种利害关系而不敢用药,或者过于谨慎用药,治疗效果自然不会太好。

清朝的满族贵族们必须要保持自己血统的纯净性,尤其是八旗子弟们,在选择嫔妃时的范围就比较小,很多皇帝的嫔妃都跟自己有亲戚关系。康熙就纳了自己的姑姑为妃,即惠妃。这个惠妃是孝庄皇太后也就是康熙的奶奶的堂叔的孙女。这样算下来这个姑姑并不远,没有出五服。康熙也娶过自己的表妹和表姐,他的后妃中有 4 位是亲姐妹。清朝满族贵族并不在意近亲结婚这件事,但是这在遗传学上可是大忌。近亲结婚生下来的孩子早夭也就不足为奇了。

溥仪曾经在他的回忆录中提及一件事情,就是皇家认为小孩子不能吃得太饱,否则不利于身体健康。溥仪说自己常常处于饥饿之中,虽然每顿饭都是满满一大桌子的菜肴,却不等吃到嘴里,就被下人们给端走了。皇家的孩子竟然吃不饱,常年营养不良,真的让人费解,这也是造成皇子早夭的原因之一。清朝末期的几位皇帝竟然没有子嗣,也是令人唏嘘,是否这也暗示了清朝的没落呢?

故宫知识自测

故宫知识自测

1. 世界五大"宫殿"是什么？

   _____

2. 紫禁城的"紫"是指颜色吗？

   _____

3. 故宫是哪些朝代的皇家宫殿？ _____

4. 故宫是哪个皇帝建造的？ _____

5. 故宫里住过多少位皇帝？ _____

6. 故宫共有多少间房屋？ _____

7. 故宫的三大殿是_____

8. 故宫的后三宫是_____

9. "九五至尊"中的数字"九"和"五"是什么意思？ _____

10. 故宫里的计时仪器是什么？ _____

11. 皇帝登基仪式在哪个大殿举行？ _____

12. 午门是古代"斩首"的地方吗？ _____

13. 云龙阶石在哪个宫殿的后面？ _____

14. 金砖是金子制造的吗？ _____

15. "坤宁宫吃肉"是怎么回事？ _____

16. 螽斯门的"螽斯"是什么意思？ _____

17. 乾清宫门前的狮子耳朵为什么是耷拉的？ _____

18. 金水河的"金"是什么意思？ _____

19. 神武门原名玄武门,为什么改成神武门？ _____

20. 故宫里的"图书馆"是哪个建筑？ _____

21. 故宫里唯一的异域风格的建筑是哪个？ _____

22. 故宫里的半间房屋在哪个宫殿里？ _____

23. 文渊阁的屋顶为什么是黑色的？ _____

24. 你知道"珍妃井"的故事吗？ _____

25. 慈禧太后喜欢哪种剧目？ _____

26. 老虎洞的作用是什么？ _____

27. 轩辕镜为什么叫"照妖镜"？ _____

28. "正大光明"匾额后面的秘密是什么？ _____

29. 三希堂的"三希"是什么？ _____

30. 从哪位皇帝开始,清朝的皇帝久居养心殿？ _____

31. 寿康宫是什么人居住的宫殿？ _____

32. 九龙壁的秘密是什么？ _____

33. 畅音阁是用来做什么的宫殿？ _____

34. 禊赏亭的取名灵感是什么？ _____

35. "房新树小,画不古,此人必是内务府"暗示内务府的什么？ _____

36. "包衣"的意思是什么？ _____

37. "建极绥猷"是什么意思？ _____

38. 脊兽的数量代表了什么？ _____

39. 太和殿上有几个脊兽？ _____

40. "土木堡之变"的主使太监是谁？ _____

41. "日晷"的"晷"是什么意思？ _____

42. "左祖右社"是什么意思？ _____

43. 故宫的门钉有多少个？ _____

44. 金銮殿是指哪个宫殿？ _____

45. 《步辇图》是谁的作品？ _____

46. 皇帝的龙袍上通常有几条龙？ _____

47. "壬寅宫变"是发生在哪位皇帝身上的事情？ _____

48. 故宫角楼的建造灵感是什么？ _____

49. 慈禧太后一生主要居住在哪个宫殿？ _____

50. 中轴线的文化意义是什么？ _____

51. 缂丝的技术是什么？ _____

52. 汉武帝是庙号吗？ _____

53. "太和殿"的英文是什么？ _____

54. 对康熙帝影响巨大的两位女性是谁？ _____

55. 金庸先生笔下的"独臂神尼"的原型是哪位公主？ _____

56. "五行"是什么？ _____

57. 《四库全书》包含哪四个部分？ _____

58. "铁帽子王"是指什么？ _____

59. 董鄂妃就是董小宛吗？ _____

60. 雍正真的篡改了先帝的立储密诏吗？ _____

61. 明朝皇帝朱由校身边的大宦官是谁？ _____

62. "对食"是指什么？ _____

63. "妃子革命"是哪位皇妃的故事？ _____

64. 顺治真的出家了吗？ _____

65. 紫禁城如何取暖？ _____

66. "冰桶"是用来做什么的？ _____

67. 明朝有多少位皇帝？ _____

68. "蟋蟀皇帝"是哪一位？ _____

69. "木匠皇帝"是哪一位？ _____

70. "一月天子"是哪一位？ _____

71. 朱元璋给自己子孙后代定立的取名规律是什么？ _____

自测题答案

自测题答案

1. 中国故宫、法国的凡尔赛宫、英国的白金汉宫、俄罗斯的克里姆林宫和美国的白宫。

2. 不是，是紫微星的"紫"。

3. 明、清两朝。

4. 明朝第 3 位皇帝、明成祖朱棣。

5. 明朝 14 位，清朝 10 位。

6. 8704 间。

7. 太和殿、中和殿、保和殿。

8. 乾清宫、交泰殿、坤宁宫。

9. 取 1～10 之间最大奇数 9 和半数中最大奇数 5 来表示皇权的至高无上。

10. 日晷、铜壶滴漏。

11. 太和殿。

12. 不是，一般是在菜市口。

13. 保和殿。

14. 不是，因为做工复杂、耗时长而得名。

15. 王公大臣正月初二到坤宁宫参加皇家大祭，并分吃皇帝赏赐的肉，这是一种非常荣光的事情。

16. 蝈蝈。

17. 告诉后宫嫔妃不该听的不要听，即不得干涉朝政。

18. "五方"中的西方对应"五行"中的"金"，所以金水就是指从西方流过来的水。

19. 为了避讳康熙帝的名字"玄烨"。

20. 文渊阁。

21. 浴德堂。

22. 文渊阁里面两个柱子中间的部分。

23. 黑色对应五行中的"水"，水可灭火，黑色屋顶表达了人们希望藏书的地方远离火灾的愿望。

24. 光绪帝的嫔妃珍妃投井而死,这口井后来就被叫作珍妃井。

25. 京剧。

26. 排水的作用。

27. 传说它可以分辨真假帝王而得名。

28. 匾额后面藏着带有储君名字的密诏。

29. 王羲之的"快雪时晴帖"、王献之的"中秋帖"、王珣的"伯远帖"。

30. 雍正。

31. 清代太皇太后、皇太后居所,太妃、太嫔也随居于此。

32. 一只白色龙的腹部是楠木刷漆冒充琉璃瓦。

33. 大戏院。

34. 因王羲之《兰亭集序》中的"修禊事也"一句而得名。

35. 内务府的官员是个肥差,很快就会暴富。

36. 家奴。

37. 须承天而建立法则。

38. 建筑的等级。

39. 10 个。

40. 王振。

41. 太阳的影子。

42. 左面是太庙,右面是社稷坛。

43. 81 个。

44. 太和殿。

45. 阎立本。

46. 9 条。

47. 明世宗朱厚熜。

48. 蝈蝈笼子。

49. 储秀宫。

50. 以人为本、中庸和谐。

51. 一种"通经断纬"的织造技术。

52. 不是,是谥号。

53. Hall of Supreme Harmony。

54. 孝庄文皇后和苏麻喇姑。

55. 长平公主。

56. 金、木、水、火、土。

57. 经、史、子、集四部。

58. 是清朝一种"世袭罔替"的爵位。

59. 不是。

60. 没有。

61. 魏忠贤。

62. 太监与宫女结成夫妻,互相依靠。

63. 溥仪的妃子文绣。

64. 不是。

65. 用暖阁、熏笼等。

66. 避暑。

67. 16位。

68. 朱瞻基。

69. 朱由校。

70. 朱常洛。

71. 第二个字是辈分,第三个字必须符合五行相生(木生火,火生土,土生金,金生水,水生木)的规律。

参考文献

参考文献

[1] 李文儒 . 故宫院长说故宫 [M]. 成都:天地出版社,2017.

[2] 阎崇年 . 故宫六百年 [M]. 北京:华文出版社,2020.

[3] 江上渔者 . 这个故宫很有趣儿 [M]. 成都:天地出版社,2021.

[4]《中华文明史话》编委会 . 故宫史话 [M]. 北京:中国大百科全书出版社,2009.

[5] 王志茹,陆小丽 . 英语畅谈中国文化 [M]. 北京:外语教学与研究出版社,2017.

后　记

后　记

20 年前，我去北京旅游。在没有任何相关知识储备的前提下，我利用一天的时间游览了故宫。除了随着人流看了一个又一个宫殿外，故宫没有给我留下什么深刻的印象，同时得出一个结论：我不喜欢看宫殿。10 年前，我喜欢上了当时的热播剧《甄嬛传》。为了更好地理解剧情，我需要不断地搜索相关知识：螽斯门的含义、翊坤宫的地位、慎刑司的功能、宗人府的神秘、螺子黛、红罗炭、母后皇太后、圣母皇太后等等。3 年前，我开始讲授"中国文化概览"课程，其中"故宫"这一章节深深地吸引了我。更没想到的是，这一章节促成了我和这座宫殿之间的缘分。在备课的过程中，我发现要讲授的内容实在是太多了，仅仅故宫里的一座座宫殿，就有说不完的话题：它的历史、它的材料、它的外形、它的功能、它的含义、它曾经的主人……一座占地面积 72 万平方米，拥有宫殿 70 多座的建筑群，用 4 节课的时间如何能够涵盖得了呢？

从那以后，我开始试图认识故宫。我大量地阅读和学习了与故宫相关的书籍。之后，我终于明白，20 年前我的不喜欢只是因为我的无知。再去重温《甄嬛传》这部剧的场景、台词甚至故事时，我不但游刃有余，还能产生联想，举一反三，甚至评价一二。随之，我的"中国文化概览"课程，也因为"故宫"这一章节变得厚重和精彩了许多。

去年暑假，我把"故宫"这一章节的内容做了一些调整和简化，讲给几个五年级的孩子听。我从三宫六院讲到九五至尊，从脊兽讲到等级制度，从云龙石阶讲到中国智慧，从保和殿讲到殿试，从午门讲到五行，从神武门讲到康熙，从正大光明匾额讲到皇位继承，从朱棣讲到溥仪，从古代计时工具讲到古代取暖设施，从太监宫女的生活讲到皇子教育的严苛……我的讲述常常让孩子们欢笑、惊诧、沉思或者质疑。

给孩子们讲述完故宫的故事，我就想，我能否把故宫的知识和故事收集起来，让偶尔读到它的人有了灵感，或者产生了联想，抑或是对故宫甚至中国文化产生了兴趣呢？这是一件多么有意义的事情啊！所以我从"常识""建筑"和"人和事"三个方面收集整理资料，编写了这本书，希望为大家认识故宫提供些

许的帮助。

这本书对故宫的讲述并不全面，也不够专业。本书实在是一本粗浅的书，只能给大家提供对故宫的初步印象。我希望这本书就像我们身边的一位老朋友一样，用最朴素的语言，娓娓道来，没有繁杂的科学数据，也没有深奥的文献引用，却也能将故宫的无限魅力和无穷价值呈现些许。无论怎样，我确信，这本书一定能让每一位读者生出作为中国人的无比自豪感，这已足矣。

讲述这样一座跨越明清两个朝代，拥有 600 多年历史的皇家宫殿，一定需要编著者具有极高的专业素养和人文素养，然而我与这个标准相差万里。所以我恳请读者朋友们提出宝贵的批评和改正意见，并和我一起为故宫事业继续努力。

刘俊娜

2022 年 5 月 6 日